Jesucristo nuestro sanador

Jesucristo nuestro sanador
Kathryn Kuhlman

Publicado por:
Editorial Peniel
Boedo 25
C1206AAA Buenos Aires - Argentina
Tel. (54-11) 4981-6178 / 6034
e-mail: info@peniel.com

Diseño de cubierta e interior: arte@peniel.com

Originalmente publicado en inglés
con el título: "Nothing is impossible with God"
by Bridge Publishing,
Copyright © 1974 by The Kathryn Kuhlman Foundation

Impreso en Colombia
Printed in Colombia

Kathryn Kuhlman
Jesucristo nuestro sanador – 1a ed. – Buenos Aires : Peniel, 2007
Traducido por: Virginia Lopez Grandjean
ISBN 10: 987-557-146-6   ISBN 13: 978-987-557-146-4
1. Vida Cristiana. I. Lopez Grandjean, Virginia, trad. II. Título CDD 248
192 p. ; 21x14 cm.

Jesucristo nuestro sanador

Kathryn Kuhlman

BUENOS AIRES · MIAMI · SAN JOSÉ · SANTIAGO

www.editorialpeniel.com

Índice

Acerca de La Sanidad

Aunque he visto muchos milagros, nunca dejo de sorprenderme. Estoy boquiabierta con Jesús y su poder. Cuando subo a una plataforma, hay una unción que viene hacia mí, y es muy difícil de explicar. Yo veo lo que Él está haciendo. Él es quien sana, no yo.

El diccionario *Webster* dice que milagro es un evento o una acción que aparentemente contradice las leyes naturales y científicas conocidas y por lo tanto se piensa que intervienen causas sobrenaturales, que es un acto de Dios.

Los milagros pueden significar una cosa para unos y otra para otros. Recuerdo un día cuando salí de una tienda en Los Ángeles y se me acercaron dos muchachos de ocho y diez años (posteriormente supe que eran hermanos). Uno de ellos corrió hacia mí y me dijo: ¿Señorita no le gustaría comprarme unos caramelos? Y entonces me miró a la cara y le dijo a su hermano: ¡Willie, Wille, mira, acá está la de los milagros! Yo me quede riéndo por la ocurrencia del chico.

Él estaba tan nervioso que tartamudeaba y me dijo: "Una vez me sucedió un milagro. Tuve un maravilloso milagro una vez".

"¿Cuál fue tu milagro?" le pregunté.

"Bueno, dijo, un día yo necesitaba 25 centavos. Verdaderamente los necesitaba. Le pedí a Dios que me diera una moneda de 25. ¿Y sabe lo que pasó? ¡Iba caminando y ahí mismo en la calle estaba la moneda de 25 centavos! ¡Dios me había hecho un milagro!"

Para ese niño, eso era un gran milagro. Para aquellos que nos mandaron sus historias que usted leerá en este libro, para los cientos de enfermos terminales, el hecho de hallar una moneda de 25 centavos no tendría mucho de milagro.

La profesión médica le ha dicho que no tiene esperanza, de repente Jesús en su eterna misericordia le toca y sucede lo sobrenatural. En contradicción con todas las leyes científicas conocidas, el poder sobrenatural de Dios le trae sanidad. Y ese milagro es tan grande como para ese niño encontrar su moneda.

Una de las preguntas que quiero hacerle al Maestro cuando llegue a mi hogar en la gloria es: ¿Jesús, por que no se sanaban todos? Me gustaría saber por qué. No tengo la respuesta a esa pregunta.

La Biblia está llena de tratos sobrenaturales de Dios con su pueblo. La experiencia de la regeneración por la cual llegamos a ser nuevas criaturas, es sobrenatural. La iglesia primitiva se fundó sobre lo sobrenatural, manifestaciones y dones sobrenaturales, y necesitamos volver a lo mismo, pues de lo contrario moriremos. Cada vez que estamos ante la presencia de Jesús, estamos ante la presencia de lo sobrenatural.

El Señor Jesús dijo: *"El que en mí cree, las obras que yo hago, él las hará también"*. Jesucristo es el sanador. Esa es la razón por la cual nadie ha oído jamás a Kathryn Kuhlman decir que posee cierto don. ¿Quiere saber por qué? Porque sé que junto con cada don especial también hay una gran responsabilidad. Y esa responsabilidad nos exige que le demos toda la gloria a Dios, y ni siquiera hablar de ese don, sino del que nos lo dio. Es a Él a quien debemos alabar y no al don.

Pienso que algunas veces la gente se fastidia de oírme decir: "Kathryn Kuhlman no tiene nada que ver en ello. Kathryn Kuhlman nunca ha sanado a nadie". Sin embargo sé mejor que nadie que esa es la verdad. Sé, mejor que nadie que todo sucede por el poder de Dios. Mi responsabilidad es la de tener mucho cuidado de darle a Jesucristo el sanador la alabanza, el honor, y la gloria. Porque un día, cuando esté en su gloriosa presencia, tendré que dar cuenta de aquello que Él me encomendó.

Hay cuatro gradas que conducen al descanso donde se abre la puerta para entrar al escenario del Auditorio Carnegie, en Northside, Pittsburgh. En la puerta hay una perilla negra. Yo he subido esos cuatro escalones y me he parado en aquel descansillo con mi mano sobre la parrilla negra. Y Kathryn Kuhlman ha muerto mil veces en ese lugar, pues sabía que al abrir esa puerta, tendría que entrar en aquel escenario; sabía que en el auditorio estaban sentadas personas que habían viajado centenares de kilómetros. Personas de todas las formas de vida, que habían hecho sacrificios para estar en un servicio de milagros. Gente que había acudido allí por cuanto ese era el último recurso.

La medicina no podía hacer nada más por ellas, y habían llegado allí para decir: "Este es mi último recurso. Entraremos en uno de esos servicios de milagros y confiaremos que Dios ha de contestar la oración." Yo sabía que en el auditorio estaría sentado un padre que había pedido permiso para no ir al trabajo, y había llegado junto con su esposa y su pequeño hijo. Ya habían probado todo. Tal vez sería cáncer lo que tenía el cuerpo del muchacho, y ese niño era más precioso para ellos que cualquiera otra cosa del mundo. Como último recurso, habían llegado con su hijo, para presentarlo a Dios en oración.

He muerto mil veces en ese último escalón. Sólo Dios conoce mis pensamientos y mis sentimientos, y cuán a menudo he sido tentada a bajar de nuevo las cuatro gradas. Hubiera sido lo más fácil del mundo huir de todo aquello, porque Kathryn Kuhlman sabe mejor que nadie en el mundo que ella no tiene en sí misma ninguna virtud sanadora, ningún poder para sanar. Yo me conozco bien. Yo también soy humana, y tengo mis propias debilidades, mis propias fallas. Mientras estoy allí lista para ingresar a la plataforma del auditorio y sé que no tengo poder para sanar. Si mi vida dependiera de eso, no podría sanar ni a una sola persona en aquel auditorio.

¡Oh, qué absoluta impotencia! ¡Y qué completa dependencia del poder del Espíritu Santo! Me pregunto si ustedes pueden realmente entenderme. He muerto allí, no una vez, ni dos, ni una docena, sino vez tras vez, y otra vez. Cada vez llega el momento en que yo me obligo a mí misma a abrir la puerta, y salgo a la plataforma.

El Espíritu Santo toma aquello que le he entregado totalmente, mi ser entero. Lo que le he entregado es un vaso rendido, dócil, por medio del cual Él pueda trabajar. Así es de simple. Sin embargo, creo que una de las lecciones más difíciles de aprender para cualquiera de nosotros, es la manera de rendirnos al Espíritu Santo. Sé cuán difícil ha sido para mí, porque hace mucho tiempo descubrí que el Espíritu Santo no es una persona ni un poder que yo puedo usar. Ustedes también tienen que aprender esta lección. Él exige que se le entregue el vaso, y eso es lo único que yo, o cualquiera de nosotros puede ofrecerle.

Hay algunos que dicen que yo tengo el don de sanidades; otros que tengo el don de la fe. Sin embargo, yo no profeso tener ni siquiera uno de los dones del Espíritu. Sostengo que si el Espíritu Santo ha honrado tan grandemente a un individuo hasta el punto de encomendarle un don, si ha querido otorgar cualquiera de sus dones a una persona, tal don debe ser tratado como algo sagrado. Tiene que ser atesorado, no se debe hablar de él, ni jactarse por tenerlo, ya que es una encomienda espiritual. Tiene que ser usado con mucho cuidado, sabiamente, discretamente, porque junto con la entrega de ese don viene una responsabilidad abrumadoramente grande.

Al terminar un servicio de milagros, cuando me voy de la plataforma, los que salen del servicio dicen casi con envidia: "La señorita Kuhlman tiene que sentirse muy satisfecha. Imagínese los que fueron sanados hoy en este gran servicio de milagros." Pero, estimados amigos, sólo pasan segundos después de salir de la plataforma, y ya estoy pensando: "¿Me entregué completamente hoy al Espíritu? Tal vez si hubiera sabido cómo cooperar mejor con Él, otros habrían podido recibir sanidad. Si yo hubiera sabido cómo seguirlo mejor mientras Él se movía en ese gran auditorio, alguna otra persona habría sido libertada". Ese tremendo sentido de responsabilidad está siempre conmigo. Nunca me escapo de él, nunca me libro de él. El secreto de las sanidades que se producen en los cuerpos en el servicio de milagros, es el poder del Espíritu Santo, y sólo ese poder.

Un martes por la noche, hace algunos años, una mujer se puso de pie y dijo: "Señorita Kuhlman, anoche, mientras usted estaba predicando, yo fui sanada". Hice una pausa antes de preguntarle: ¿Quiere decirme usted que fue físicamente curada durante el sermón?" Ella respondió: "Sí". Le pregunté más de cerca desde la plataforma, y descubrí que mientras yo estaba predicando, literalmente se le había disuelto un tumor que tenía en su cuerpo. Ella agregó: "Yo estaba absolutamente segura de que había sido sana, y hoy me lo confirmó el médico. Me examinó y dijo: 'Es verdad. Ya no tiene el tumor'".

Hasta donde yo puedo recordar, esa fue la primera vez en mi ministerio en que, mientras una persona me oía predicar, fue sanada. Desde entonces ha ocurrido en miles de personas mientras estaban sentadas en el auditorio. ¿Cómo puede ocurrir que por el solo hecho de que alguien acuda al servicio, y se siente allí, sin que nadie la toque, sea sana? En estos casos no se hace una fila para orar por los enfermos, no se practican ritos de sanidad, sino que personas entre el auditorio son sanas repentinamente y en forma completa, de aflicciones y enfermedades. ¿Cómo explicarlo? Lo único que puedo decir a manera de explicación, es que la presencia de Jesús está allí para sanar. No necesita que yo ponga las manos sobre el enfermo, ni que lo toque. No tengo virtud sanadora en mis manos, ni en mi cuerpo. Pero el mismo Espíritu Santo que hizo aquellos milagros por medio del cuerpo de Jesús, cuando estuvo sobre la tierra, está hoy en acción.

Muchas veces he visto a un papá que está ahí con su niñito en los brazos, y en ese momento quedo inconsciente de todos los demás que están en el auditorio. Puede haber miles de personas, sin embargo, sólo estoy consciente de ese hombre fuerte que tiene a su pequeñito en sus brazos. Sé que alegremente ese joven padre daría la vida, si su niño pudiera ser sanado. Esto lo siento con una intensidad ardiente y consumidora. Y en ese momento lo amo completamente. Este no es un amor humano, es totalmente divino. No es amor natural, sino enteramente sobrenatural. No es mi amor, porque yo soy totalmente incapaz de esta compasión que todo lo abarca y todo lo comprende. Este es el amor de Dios.

En ese momento, me sentiría contenta de dar mi propia vida, sí con eso viera sanado al pequeñito. Por un momento se apodera de mí un sentimiento de completa impotencia. Por mi propia cuenta no puedo hacer nada, y lo sé muy bien. Comprendo de nuevo mi absoluta dependencia del poder de Dios, y luego comienzo a orar audiblemente. "Maravilloso Jesús, toca, por favor, a este niñito." Pero la oración de mi corazón es tal que ningún hombre puede oírla. Emana de lo más profundo de mi ser, y asciende en silencio al trono de la gracia; y sólo el Padre celestial y yo sabemos cuál es la esencia de mi petición: "Padre, por favor, si este niño puede vivir, estoy dispuesta y anhelo pagar el precio con mi propia vida." He hecho esa oración, no una vez, sino millares de veces.

Estoy allí delante de una pequeña mujer. Lo único que le ve la multitud es el pañuelo que tiene en la cabeza. No puedo decir cómo está vestida. Lo único que le veo, son esas manos cansadas y desgastadas, en varias partes dobladas y deformadas. Veo el duro trabajo, el sacrificio, y en ese momento, aunque no puedo ver el rostro de ella, tomo esas manos en las mías y le pido a Dios que ella sienta el amor que hay en mi corazón.

Mi oración audible puede ser muy simple; tal vez sólo diga: "Maravilloso Jesús, perdóname por no saber cómo orar mejor." Pero mientras estoy diciendo estas palabras, en mi corazón está aquel amor sobrenatural, el amor de Dios, hacia aquella preciosa mujer. En ese momento entregaría contenta mi vida, si el Padre celestial, por su grande e infinita misericordia, tocara ese cuerpo, si la maravillosa compasión de nuestro Salvador la librara del sufrimiento. Nadie, sólo Dios, sabe lo que hay en lo profundo de mi ser cuando hago la oración de fe.

Y ahora, estimados amigos, termino esta introducción para que usted pueda conocer a personas que necesitaban y experimentaron el toque del Sanador. Mi oración es que usted también pueda experimentar la presencia y el poder del Espíritu Santo en su vida. Los dejo a ustedes con las siguientes palabras: *"Amados, amémonos unos a otros; porque el amor es de Dios. Todo aquel que ama, es nacido de Dios, y conoce a Dios"* (1 Juan 4:7).

Capítulo 1

Una vez, yo estaba a punto de morir

Keith Purdue

Durante los últimos años, Keith Purdue ha estado viajando con el pianista Roger Williams, como baterista de su banda. Keith, nacido en Albuquerque, Nueva México, estudió música en el Conservatorio de Nueva Inglaterra bajo la experta enseñanza del timpanista de la Orquesta Sinfónica de Boston. Actualmente vive en los alrededores de Los Ángeles.

o acababa de terminar una temporada completa como baterista de la Orquesta Sinfónica de Mobile (estado de Alabama), y en el otoño de 1968 me mudé a un departamento en Hollywood Boulevard, en Hollywood, California. Sin embargo, antes de firmar el contrato que finalmente me convertiría en baterista de la banda de Roger Williams, decidí hacerme extraer algunas verrugas.

Abrí las Páginas Amarillas y elegí el primer dermatólogo que figuraba en la lista, el doctor Samuel Ayres. Su consultorio estaba en Wilshire Boulevard, al otro lado del parque.

Las verrugas parecían ser de las más simples y yo no esperaba que hubiera ninguna complicación. Mientras estaba en el consultorio, circunstancialmente le mencioné el médico un bulto que tenía en la parte interna de mi brazo derecho, entre la muñeca y el codo, que recientemente se había enrojecido e inflamado. El doctor Ayres lo examinó y dijo: "Esto tiene que salir."

Entonces hizo una profunda incisión en esa zona del brazo y tomó una extensa muestra de tejido. Me explicó que se trataba de una precaución que se acostumbraba tomar, para el caso de que el bulto fuera maligno. Yo debería volver en una semana, después de que ellos hubieran estudiado la biopsia.

Cuando volví, el médico me llevó hacia su consultorio y me pidió que me sentara. "Señor Purdue, parece que tenemos un problema. Envié la muestra de tejido a los tres mejores patólogos del sur de California. Sus informes muestran que todas las células son malignas."

"¡Guau!", exclamé. "¿Qué pasa ahora?"

"Le recomiendo que se opere de inmediato y quisiera derivarlo al doctor Lewis Guiss, un excelente cirujano de la Universidad del Sur de California y del Hospital St. Vincent. Él podrá darle su opinión como experto en cuanto a cómo debemos proceder."

Era difícil de entender. Yo siempre me había visto a mí mismo como un joven soltero y sin preocupaciones, viajando por toda la nación, tocando en distintas bandas y orquestas. Ahora parecía que todo eso podría cambiar... o terminar.

El doctor Guiss dijo que mi enfermedad era un "cáncer negro", la más grave variedad de la enfermedad, que se extiende a través de los nódulos de la linfa. Tenía esperanzas de que lo maligno se limitara al brazo, pero me dijo que podría haberse extendido ya por el cuerpo, especialmente hacia el pecho y el cuello. Era necesaria una cirugía inmediata.

"¿Hay alguna posibilidad de que se atrofie mi brazo cuando usted corte los músculos?", pregunté. Un baterista profesional que no puede hacer pleno uso de su brazo es como un pájaro con una sola ala.

"Bueno", dijo el doctor Guiss, "usaremos un nuevo método en el que no se cortan los músculos. Sólo cortamos la piel, apartamos los músculos y cortamos los nódulos de la linfa. No creo que tenga porqué preocuparse en cuanto a perder el uso del brazo."

De alguna manera me di cuenta de que el médico no era demasiado optimista con respecto a mi caso. Antes de dejar el consultorio le pregunté por el tema dos veces más, y finalmente me confesó que, aunque podrían salvar mi brazo, temía que el cáncer ya se hubiera extendido en mi cuerpo. Me daba un 70% de posibilidades de sobrevivir... si la enfermedad no se había extendido demasiado.

Acepté someterme inmediatamente a la operación, pero para que el hospital me admitiera, debía hacer un depósito de U$ 300. Yo no tenía ese dinero, así que llamé a mi madre, que vivía aún en Albuquerque, y se lo pedí. Al principio ella pensó que bromeaba cuando le hablé del cáncer. Después comprendió que yo no bromearía con algo así. "Iré a California", me dijo.

"No, mamá", protesté. "No es necesario que vengas. Sería demasiado duro para ti. Simplemente quédate donde estás y envíame el dinero."

El dinero llegó, pero una semana antes de que yo me internara, mi mamá llegó también. Yo no tenía TV en mi departamento. Dado que pasaba seis horas diarias practicando con la batería, no me quedaba mucho tiempo para mirar televisión. No sabía cuánto tiempo estaría en el hospital, y no quería que mamá se quedara encerrada, sola, en mi departamento, así que fui a un hotel que quedaba en esa misma calle y pedí un cuarto tranquilo con televisor. Mamá no es muy fanática de la TV, pero yo sabía que le gustaba ver los partidos de básquetbol. Eso la ayudaría a pasar las horas mientras yo estuviera en el hospital.

Más tarde, mamá me confesó que la había desilusionado el hecho de que yo no la hubiera dejado quedarse en mi departamento, pero finalmente pudimos ver que todo había sido obra de Dios.

El domingo antes de que yo me internara, mamá se levantó como a las siete de la mañana y cruzó la calle para desayunar en un restaurante. El restaurante estaba cerrado, así que volvió a su cuarto y encendió la televisión. Aun antes de que aparecieran las imágenes, escuchó las palabras "operación de cáncer". Esto la sobresaltó y hasta le dio un poco de miedo. Ya había escuchado bastante sobre cáncer en los últimos días como para verlo también en la TV.

Pero después lo pensó mejor. "Me pregunto qué será eso", pensó, y volvió a encender el aparato. Entonces vio a Kathryn Kuhlman entrevistando a una niñita que había sido sanada de leucemia. Mamá se quedó escuchando, intrigada. Cuando estaba a punto de anotar la dirección de Kathryn Kuhlman en Pittsburgh, para escribirle y pedirle que orara por mí, el locutor dijo: "Para aquellos de ustedes que estén mirando este programa desde Los Ángeles, Kathryn Kuhlman estará en el auditorio Shrine esta tarde."

Esa tarde llevé a mamá a dar una vuelta en el auto. "¿Alguna vez oíste hablar de Kathryn Kuhlman?", me preguntó.

"No. ¿Quién es?"

"Bueno, creo que es una de las que sanan con la fe", respondió.

Luego comprendí que Kathryn Kuhlman no es de las que "sanan con la fe". En realidad, ella odia que usen esa expresión y enfatiza siempre que no tiene ningún poder para sanar por sí misma. Pero las palabras de mi madre dispararon una reacción negativa en mi mente. Mis padres habían sido bautistas durante muchos años, y después comenzamos a asistir a una iglesia presbiteriana. En lo que a mí concernía, cualquier cosa que sonara a "sanidad divina" era una copia de Elmer Gantry, fraudes para mentes ignorantes, y "sanadores" radiales que gritaban a través del micrófono. En realidad yo estaba muy desencantado con todo el tema de la religión. parecía que todos tenían una serie de reglas negativas, y trataban de legislar el cristianismo. Yo no quería tener nada que ver con eso y estaba muy orgulloso de considerarme un agnóstico intelectual. Si había un Dios, era tarea suya revelarse a mí. Yo no iba a salir a buscarlo.

Sin embargo, mientras mamá y yo hablábamos sobre Kathryn Kuhlman, algo comenzó a crecer dentro de mí, como una pequeña mata de césped que asoma a través del negro asfalto de un estacionamiento. Reconocí una esperanza, un destello de esperanza. Quizá, sólo quizá, hubiera algo cierto en todo esto. Quizá yo pudiera ser sanado.

"Kathryn Kuhlmann estará en el auditorio Shrine esta tarde", dijo mamá. "¿Quieres ir a verla?"

"Seguro, ¿por qué no?", dije. "Después de todo, no tengo nada que perder."

Llegamos al auditorio como a las tres de la tarde. Cuando entramos al estacionamiento, el empleado nos dijo: "Aceptaré su dinero y lo dejaré estacionar, pero no podrá entrar. Me señaló la entrada del auditorio. "¿Ve toda esa gente? El culto comenzó hace más de una hora, y algunos de ellos han estado esperando desde la madrugada y todavía no han podido entrar."

"Bueno, ya que hemos venido hasta aquí, podríamos hacer un último intento", dije. Pagamos y estacionamos el auto.

Fuimos hacia la entrada y comenzamos a abrirnos paso a empujones entre la masa de gente. "No servirá de nada", nos dijo un hombre. "Acabo de intentar abrir la puerta, pero está cerrada con llave. Cuando el auditorio se llena, cierran las puertas con llave desde adentro. La única manera en que pueden conseguir un lugar es que alguien se retire antes. Entonces dejan entrar a las personas de a una."

Le agradecimos sus palabras, pero seguimos abriéndonos paso con dificultad hasta que llegamos a la puerta. Tomé el picaporte y la puerta se abrió. Mamá y yo nos escurrimos rápidamente hacia adentro, y la puerta se cerró tras nosotros. Escuché el sonido de la cerradura que se trababa.

En ese momento no se me ocurrió pensar que esa puerta abierta era el segundo milagro del día; el primero había sido que mi madre encendiera la TV esa mañana. Cruzamos el hall y nos quedamos en uno de los túneles que llevaban al interior del inmenso auditorio. Aunque el lugar estaba atestado de gente (casi 8.000 personas), todo parecía cubierto de un rumor reverente. Un ujier se nos acercó y nos susurró: "Si esperan un minuto, les conseguiré un par de asientos juntos."

Asentí y él se fue, casi andando en puntas de pie como para no quebrar la atmósfera de adoración que había en el lugar. Ahora, mirando atrás, veo que este fue el tercer milagro; porque aunque hubiera algún asiento libre en ese estadio lleno de gente, no podía haber dos juntos. Pero pocos minutos después, mi madre y yo estábamos sentados uno junto al otro en dos lugares ubicados en la mitad del sector izquierdo, debajo de la planta alta del auditorio. ¡Perfecto!

Todo el auditorio estaba cubierto de paz. Pero mientras yo me sentaba, tratando de no hacer ruido, escuchando el final del mensaje de Kathryn Kuhlman, también sentí tensión. Era la misma tensión que había sentido en esas tardes calurosas de verano del medio oeste, cuando se aproxima una tormenta eléctrica; la sensación de que el aire está distinto, la impresión de que las moléculas danzan en la atmósfera en un movimiento frenético que explotará repentinamente con tremendo poder.

Kathryn Kuhlman estaba caminando de un lado a otro de la plataforma. No gritaba ni gesticulaba, como yo esperaba que hiciera. Ni siquiera predicaba; estaba hablando. Decía: "No quiero que nadie suba a la plataforma hasta que haya sido sanado."

Qué extraordinario, pensé. Me la había imaginado golpeando a las personas en la frente, vibrando y sacudiéndose, gritando órdenes al Señor para que sanara a algún pobre desgraciado. No era así, pero algunas personas comenzaron a pasar adelante, testificando que habían sido sanados mientras estaban escuchando el mensaje, en sus asientos.

Muchos caían al piso cuando Kathryn Kuhlman oraba por ellos. Di por descontado que habían sido contratados para eso; seguramente nadie que estuviera en su sano juicio caería de espaldas al piso de esa manera. Pero de improviso, en medio de todo esto, me sucedió algo que yo siempre había alardeado que jamás me ocurriría: perdí el control.

No soy una persona emocional. Soy muy cínico, escéptico, pero también estaba muy desesperado. El cinismo y el escepticismo no se llevan bien con la desesperación. Empecé a llorar.

Sucedió algo más. Descubrí que no podía mover los brazos ni las piernas. Aún más sorprendente era que no me molestaba estar sentado allí, paralizado. En realidad, era una sensación completamente maravillosa. Mamá me dijo después que Kathryn Kuhlman había dicho que alguien había sido sanado de cáncer, pero yo no lo oí. En realidad no oí casi nada durante ese tiempo.

Cuando esa maravillosa sensación pasó, una nueva sensación, una profunda convicción la reemplazó: la completa seguridad de que ya no tenía cáncer.

Yo no le había dicho ni una palabra a mi madre, pero ella sabía que algo me había pasado. Se volvió hacia mí y me susurró: "¿Quieres ir a la plataforma?"

Yo no quería ir. Pero antes de que me diera cuenta, estaba de pie, y mi madre a mi lado.

Un ujier se acercó a nosotros. "¿Ha sido usted sanado?", me preguntó.

Mi madre le respondió con plena seguridad en su voz. "Sí, ha sido sanado de cáncer."

No había ninguna indicación externa de que yo hubiera sido sanado; sólo una sensación interna. El tipo de cáncer que yo sufría no causaba dolores, al menos no en la primera etapa, en la que yo estaba. Dado que no había ningún dolor que debiera desaparecer, yo no podía probar realmente que había sido sanado. Pero tenía una profunda sensación interna de plenitud.

El ujier me miró y repitió la pregunta.

"¿Ha sido sanado?"

Me di cuenta de que me tambaleaba al caminar, y que mi voz era temblorosa. "Sí, creo que sí", logré decir.

Ya sobre el escenario, Kathryn Kuhlman se aproximó a mí.

"Oh, qué maravilloso", dijo, y extendió la mano para orar. Lo próximo que supe fue que estaba de espaldas en el suelo, mirando hacia arriba, al techo del auditorio. Tenía las manos por encima de la cabeza. Vi que estaban torcidas, dobladas, como anudadas.

Lo primero que pensé fue: "¡Oh, Dios! ¡Estoy paralizado! ¡Cambié el cáncer por alguna horrible forma de parálisis!" Entonces sentí un cosquilleo como de electricidad por toda la parte superior del cuerpo, y pensé que estaba sufriendo un ataque al corazón. Pero era una sensación agradable, y al final dejé de preocuparme y me quedé allí, totalmente en paz. Finalmente, alguien me ayudó a ponerme en pie. Mamá y yo nos abrimos paso hasta nuestros asientos y luego salimos del auditorio. Varios minutos después de salir del edificio, pude comenzar a abrir las manos y mover los brazos sin dificultad.

Mientras íbamos en el auto camino a mi departamento, mi madre señaló que yo parecía mucho más joven. Le dije que me sentía feliz, como si fuera nuevamente un niño. Era casi como haber nacido de nuevo.

"¿Aún quieres operarte?", preguntó.

"Por supuesto", dije. Pero en mi interior sabía que ya no era necesario. Ya no. Ingresé al hospital el jueves. La operación estaba programada para el día siguiente a las 7.30. Me prepararon para la operación, me pintaron con tinta roja, me pusieron glucosa en el brazo izquierdo, y me dieron anestesia. Lo siguiente que escuché fue que una enfermera me decía: "Ya está en su cuarto."

Mi madre estaba allí. Papá también; había venido desde Albuquerque. Miré mi brazo y lo vi vendado y acomodado en un cabestrillo. Me pregunté una vez más si estaría paralizado.

Varios días después, el médico volvió para quitar el cabestrillo y sacar los puntos. "Bien, tenemos buenas noticias", dijo. "La biopsia fue totalmente negativa. No encontramos ningún tipo de tejido maligno."

Esto no me sorprendió en absoluto, pero necesitaba preguntarle. "Creí que la primera biopsia había mostrado que todo el tejido era maligno."

El médico se encogió de hombros. "Así fue, pero cuando usted entró aquí, todo estaba bien. No creo que vaya a tener ningún problema."

Las células malignas se habían vuelto benignas... el mal se había convertido en bien. Era una manifestación exterior de algo que había ocurrido en una parte mucho más profunda de mi vida. Yo decía que creería si me lo demostraban. Y me lo habían demostrado, con toda seguridad.

Hay todavía muchas cosas que no comprendo de Dios. Pero lo reconozco como Dios, un Dios de amor y poder.

Hace poco leí en la Biblia la historia de un hombre ciego que fue tocado por Jesús y recobró la vista. Luego, cuando los religiosos de su época le preguntaron quién era Jesús, él respondió con lo que yo creo que es una de las afirmaciones más profundas de los evangelios. Dijo simplemente: "Quién es él, no lo sé. Pero de una cosa estoy seguro. Yo era ciego, y ahora veo."

Así que no vengan a pedirme respuestas teológicas. No las tengo. Lo único que sé es que un día tenía el tipo de cáncer que lo mata a uno en cuestión de días, y al día siguiente estaba sano. Una vez, yo estaba a punto de morir; ahora vivo. De eso estoy seguro.

Capítulo 2

Vivir por un tiempo

Marvel Luton

Hace 35 años que Marvel y Clarence Luton están casados. Ambos viven en Chula Vista, California, cerca de la frontera con México. Sus dos hijos casados viven cerca. Marvel era dueña de un pequeño salón de belleza, y su esposo era operador de monotipos en el periódico Union Tribune, de San Diego. Aunque se crió en la fe metodista, luego de casarse, la señora Luton comenzó a asistir a la iglesia luterana a la que su esposo concurría. Desde que se mudaron de Michigan a California, hace ocho años, ambos han participado activamente en su iglesia local, la Iglesia Luterana del Sínodo de Missouri, y Clarence ha servido como presidente de la congregación.

ra el atardecer, y los restos anaranjados de ese sol de junio se escondían sobre el Pacífico mientras yo estacionaba el auto delante de nuestra casa y caminaba por el sendero de la entrada. Estaba exhausta después de un duro día de trabajo en el salón de belleza. Pensé que era extraño que aunque el auto de Clarence estaba estacionado, no había ninguna luz encendida en la casa.

Abrí la puerta y entré al living en semipenumbra. Escuchaba piar a los periquitos desde el otro lado del cuarto, en su jaula colocada sobre el banco del órgano, cerca de la ventana. Clarence estaba echado en el sofá. Al principio creí que estaba dormido, pero luego lo escuché quejarse débilmente. Me apresuré a llegar a su lado y me arrodillé junto a él. "¿Qué te pasa?", pregunté.

"Me siento mal", dijo él. Hizo un esfuerzo para levantarse, pero su cabeza volvió a caer sobre el brazo del sofá. "He vomitado tanto que ya no tengo nada más que echar. Siento como fuego adentro."

Puse la mano sobre su frente. Estaba volando de fiebre. "¿Cuándo comenzó esto?"

"Cuando estaba llegando a casa del trabajo." Lanzó un quejido y se retorció en el sofá. Su rostro estaba descompuesto de dolor. "Fui a almorzar con algunos compañeros hoy. Lo único que comí fue una hamburguesa y un vaso de leche, pero la hamburguesa tenía un sabor extraño. No pensé mucho en eso hasta que comencé a sentirme mal. Creo que me intoxiqué con esa comida."

"Será mejor que te lleve al hospital", dije, mientras iba hacia el teléfono. El doctor Elliot, nuestro médico de cabecera, se reunió con nosotros en la sala de emergencias del Hospital Paradise Valley, en National City. Los exámenes mostraban una intoxicación venenosa en la sangre de Clarence y en sus riñones. Lo pusieron en la lista de pacientes en estado crítico, donde permaneció durante cinco días. Gradualmente, fue recuperando las fuerzas, pero aun entonces, pasaron casi cuatro meses antes de que estuviera lo suficientemente repuesto como para volver a trabajar. "Estuvimos terriblemente cerca de perderlo", dijo nuestro médico.

Aunque Clarence decía que se sentía bien y que podía volver a trabajar en el periódico, yo sabía que él no había vuelto a estar tan bien como antes.

Diez meses después, en abril, mi madre me llamó por teléfono. Hacía tiempo que estaba preocupada por la artritis que yo sufría en las manos. "Marvel, unos amigos me han estado contando sobre una mujer que tiene cultos de milagros en Los Ángeles. Creo que Dios muchas veces sana a la gente en esas reuniones. Habrá una el próximo domingo en el auditorio Shrine. ¿Quieres ir? Quizá Dios sane tu artritis."

Clarence y yo habíamos estado discutiendo por alguna tontería, y yo estaba buscando una excusa para salir de la casa. Sin decirle a Clarence dónde iba, fui con mi madre a Los Ángeles, asistí al culto, y volví a casa por la noche. Un poco más tarde, inclinada sobre la pileta de la cocina, noté que mis manos tenían algo diferente. La hinchazón había desaparecido... y el dolor también. Clarence estaba sentado a la mesa, tomando un vaso de leche. "Clarence, ¡mira mis manos!", exclamé.

Él se acercó. "Hey, la hinchazón se fue. ¿Encontraste un nuevo médico?"

En vez de responder, le pregunté: "¿Crees en los milagros?"

"Bueno, claro que sí", dijo él. "Pero, ¿qué tiene que ver eso con esto?" Le conté dónde había ido y lo que obviamente había sucedido. Él se mostró tan interesado que quiso asistir conmigo a la reunión en el auditorio Shrine al mes siguiente. En julio, asistieron también nuestro pastor y su esposa. Él se entusiasmó tanto que llegó a sugerir que comenzáramos a tener cultos de sanidad en nuestra iglesia luterana. Clarence y yo éramos un poco escépticos en cuanto a esto. Yo disfrutaba de los cultos en Los

Ángeles, y estaba agradecida por mi sanidad, pero tenía algunas dudas en cuanto a cambiar nuestros métodos en la iglesia luterana. Pero nuestro pastor seguía muy entusiasmado. "En realidad," dijo, "yo quiero la unción del Espíritu Santo para mí."

Cuando ya casi se había cumplido un año desde que se había enfermado, Clarence me llevó a comer en un pequeño restaurante chino en la bahía de San Diego. Ambos trabajábamos mucho todo el tiempo, y rara vez salíamos, así que disfrutamos mucho de la comida y el ambiente de distensión. Pero aproximadamente a las dos de la madrugada del día siguiente, Clarence se levantó y se dirigió tambaleando hacia el baño. Se sentía muy mal. Cuando volvió al cuarto me di cuenta de que no era un dolor de estómago común. Estaba terriblemente dolorido, tenía una fiebre altísima, y el estómago inflamado. Pensé que se trataba de una nueva intoxicación y llamé al médico inmediatamente.

Él nos envió a la sala de guardia del hospital, donde tomaron una muestra de sangre de Clarence para analizar. Pero esta vez, el examen no reveló ninguna clase de veneno, y la enfermera llamó a nuestro médico para informarle. Él vino inmediatamente y dado que el hospital estaba lleno de gente, le dio a Clarence una inyección para calmar el dolor, y me dijo que lo llevara a casa y que volviera a llevarlo a su consultorio a las 9.30.

Clarence miró a la enfermera y luego a mí, sacudiendo la cabeza. "Algo anda mal aquí dentro", dijo. "¿No puedo quedarme?"

"Lo siento, señor Luton", dijo la enfermera. "Pero no hay camas libres, y no puede quedarse aquí en la sala de guardia. La inyección le hará efecto en unos pocos minutos, y se sentirá mejor. Deje que su esposa lo lleve a casa."

A regañadientes, mi esposo aceptó. Ninguno de los dos pudo dormir durante el resto de la noche.

Acordamos con nuestro hijo Mike, que vive cerca de nosotros, que él llevaría a Clarence al consultorio del médico a las

9.30. Yo fui a trabajar un par de horas antes. Dado que el salón de belleza estaba justo al lado del consultorio, yo esperaba tener noticias de Clarence apenas terminara la revisación. Pero no tuve ninguna. Después del almuerzo llamé a la oficina y hablé con la enfermera.

"El señor Luton estaba muy inflamado cuando llegó, esta mañana", dijo ella, "y su piel estaba muy amarillenta. El doctor Elliot lo llevó directamente a uno de los cuartos para revisarlo y le puso una intravenosa. Al mediodía lo llevó al hospital."

Dado que el Hospital Paradise Valley estaba lleno, Clarence fue derivado al Hopital General de la Bahía, en Chula Vista. Su problema era pancreatitis, una infección en el páncreas. La hinchazón desapareció gradualmente, y aproximadamente dos semanas después el color amarillento de su piel y sus ojos también había desaparecido, así que le permitieron volver a casa.

Muy débil, casi sin poder salir de la cama, Clarence siguió perdiendo peso. En menos de un mes pasó de 104 kilos a 81. Mientras tanto, volvió a sentir intensos dolores, y volvió a hincharse, así que lo llevé al médico una vez más.

Las radiografías mostraban una gran masa en la zona del páncreas. Así que Clarence volvió al hospital, esta vez para una cirugía exploratoria.

Nuestro pastor estaba conmigo cuando Clarence salió de la intervención. Había hablado con mi esposo antes de que entrara a la sala de operaciones. Clarence había hablado de morir y le había dicho que estaba listo para partir. ¿Por qué hablaba de morir? Después de que el pastor se fue, comencé a preguntarme si Clarence sabría algo que no me había contado.

Ese día, pasadas las ocho de la noche, el cirujano me llamó. "Su esposo sobrevivió a la operación," me dijo, "pero no puedo decirle mucho más. Todo su páncreas es un solo tumor."

"¿No pudieron quitarlo?", pregunté, comprendiendo cuán poco sabía yo de cirugía.

"No", respondió él. "No quisimos tocarlo, ni siquiera para hacer una biopsia, por temor a que su esposo sufriera una hemorragia fatal en la mesa de operaciones. Pero estamos analizando el drenaje de un gran abceso, y dentro de poco tiempo sabremos si el tumor es benigno o no."

"Por favor, doctor", le dije, sintiendo la boca tensa. "Necesito que me lo explique de forma que yo entienda."

Hubo una larga pausa del otro lado de la línea.

"Hemos puesto algunos tubos de drenaje en el cuerpo de su esposo", dijo el médico lentamente. "Lo mejor que puedo decirle, señora, es que vivirá por un tiempo. Eso es todo."

Esa noche, me senté sola junto a la cama de Clarence. Además de los dos tubos que salían de su costado y que desaparecían bajo la sábana en una especie de máquina de succión, tenía un tubo en la boca que bajaba por la garganta, otro en la nariz, y otro en un brazo. Fue una noche larga y solitaria. Me quedé allí, sentada, pensando en los altibajos de los muchos años que habíamos compartido. Mi abuelo había sido pastor metodista, y yo tenía profundas raíces en esa fe. Pero la madre de Clarence creía que si uno no era luterano no podría llegar al cielo. Yo me había resentido cuando la madre de Clarence me presionó para que dejara la iglesia metodista y asistiera con él a la iglesia luterana. Pero, para complacer a Clarence, para estar en paz con la familia, y por si acaso mi suegra tuviera razón en cuanto a eso del cielo, me uní a la iglesia luterana. Eso había ocurrido hacía treinta y cinco años, allá en Michigan. Desde entonces, gran parte de la amargura que había sentido hacia mi suegra había desaparecido, y parecía que estábamos finalmente asentándonos para los próximos años en California. Y ahora, esto.

Miré a Clarence, tan inmóvil, con ambos brazos atados a los costados de la cama para que no pudiera moverlos y así desconectar los tubos. El sonido sordo de la bomba y el silbido del oxígeno eran constantes. También había extraños olores.

Clarence movió ligeramente la cabeza, abrió los ojos, y me vio junto a él. Movió la cabeza nuevamente y sonrió al reconocerme, aunque segundos después volvió a quedarse dormido. Me quedé mirando una de sus manos. Le faltaba la parte superior del dedo pulgar. Se la había cortado en un accidente industrial, hacía muchos años. Recordé cómo le había reprochado yo en ese momento, diciéndole que Dios estaba tratando de decirle algo, pero él era demasiado testarudo como para escuchar. Ahora deseaba no haber dicho eso.

Parecía que nuestra vida juntos había sido una batalla constante, llena de discusiones y malos entendidos. Ahora, todas nuestras diferencias parecían insignificantes. Lo único que yo sabía en ese momento era que lo amaba y que no entendía cómo podría vivir sin él. "Querido Dios, por favor, no dejes que muera." Me cubrí la cara con las manos para que las enfermeras, que entraban y salían constantemente, no me vieran llorar.

Podía escuchar la charla y las risas de las enfermeras que terminaban su turno, fuera del cuarto. ¿Cómo podían salir de este lugar de enfermedad y muerte y olvidar a aquellos cuyas vidas habían dependido de ellas apenas momentos antes? Sentí deseos de gritar: "¿Cómo pueden ser felices? ¿No saben que mi esposo está luchando entre la vida y la muerte?"

La puerta del elevador se cerró, llevándose sus risas. Ahora los únicos sonidos que me acompañaban eran el suave silbido del oxígeno, el sonido de la máquina de succión, y el latido de mi corazón. Permanecí allí, sola, esperando.

En un momento, alguien golpeó suavemente a la puerta. Una de las enfermeras del turno anterior entró sin hacer ruido y cerró la puerta tras ella.

"Pensé que ya se había retirado", le dije, mirando mi reloj. "Son más de las once."

"Llegué hasta el estacionamiento, y entonces Dios me dijo que volviera", dijo ella, suavemente.

"¿Dios?"

"No intentaré explicárselo ahora", sonrió ella. "Pero... ¿le molestaría si oro por su esposo antes de irme?"

"Oh, no, por supuesto, no me molesta", dije, poniéndome de pie. Pero por dentro me preguntaba qué estaría pasando. Era extraño. Nunca antes había oído que una enfermera orara por un paciente, mucho menos cuando ya habían terminado su turno. Pero ésta había vuelto solamente para hacerlo.

Ella extendió la mano y la apoyó suavemente sobre el hombro de Clarence. "Señor Jesús," dijo, suavemente, "mi amigo está muy enfermo. Sólo tú puedes ayudarlo. Por favor, toca este cuerpo y sánalo, para tu gloria. Amén."

Entonces me miró. Su rostro estaba bañado en lágrimas. Sonriendo dulcemente, salió. Escuché el sonido apagado de las suelas de goma de sus zapatos sobre el piso lustrado al alejarse.

Volví junto a la cama de Clarence y vi una lágrima que brillaba sobre una de las barras de acero de los costados. Estuve a punto de limpiarla, pero finalmente decidí dejarla ahí. Quería que estuviera allí para siempre, como un recuerdo de esa dulce joven que se preocupó lo suficiente como para volver atrás.

Me quedé con Clarence hasta las tres de la mañana. Unas horas más tarde volví con Mike y nuestra hija Janet, que vivía en Lakewood. El doctor Elliot se reunió con nosotros a las diez de la mañana, junto a la puerta del cuarto de Clarence. Lo que nos dijo era esencialmente lo mismo que el cirujano había dicho por teléfono la noche anterior. "Clarence está muy, muy enfermo. El tumor en el páncreas lo matará."

"¿Es maligno el tumor?", preguntó Mike.

"No lo sabemos. No podemos decirlo en este momento, porque no pudimos hacer una biopsia. Pero en este momento eso no importa. Un tumor benigno también puede provocar la muerte si ataca un órgano vital. Y éste parece ser el caso."

"¿Cuánto tiempo vivirá?", preguntó Mike.

"Estamos tratando de prolongarle la vida día a día. Es lo único que podemos prometerle", respondió el médico.

Dos días después, recibí una llamada de una vieja amiga, Mary Turpin. Ella había trabajado en el consultorio de un médico, y solía venir al salón de belleza para que yo la peinara.

"Marvel," me dijo, "sé que te parecerá extraño, pero quisiera saber si podríamos encontrarnos en el hospital. Quiero ver a Clarence."

Era tarde, y yo sabía que ya había terminado el horario de visitas; pero sentí un tono de urgencia en su voz, así que acepté. Cuando llegué, Mary estaba en el pasillo de la sala donde estaba la habitación de Clarence. Era una mujer de edad mediana, con un rostro suave y delicado. Tenía una Biblia en la mano.

"Dios me dijo que te llamara", explicó. "Me dijo que viniera aquí y que le leyera un pasaje de la Biblia a Clarence, y que luego orara por su sanidad."

¿Dios le había dicho que me llamara? Esto era nuevo para mí. Aunque había sido muy activa en la iglesia durante toda mi vida, había encontrado muy pocas personas (excepto algunos pastores y misioneros) que dijeran que Dios les había hablado. Pero en este hospital, ya había encontrado dos.

Mary leyó un salmo y luego puso suavemente su mano sobre el hombro de Clarence y oró por él. Clarence seguía bajo el efecto de las drogas, pero cuando Mary terminó, abrió los ojos y dijo: "Esto es bueno. Hoy el pastor vino dos veces. La última vez me dio la comunión. No me importa morir. Estoy listo para irme."

"No estoy aquí para prepararte para tu muerte", dijo Mary con voz suave. "Vine a orar para que Dios restaure tu vida."

"Eso también es bueno", dijo Clarence, con los labios resecos y la voz apenas audible debido a los tubos. "Una pequeña enfermera católica vino hace unos minutos a tomarme la presión. Después oró por mí. Seguro que hay mucha gente orando por mí."

Y la cantidad de gente que oraba continuó creciendo. Una semana después, cuando entré para ver a Clarence, me dijo que una de las enfermeras acababa de salir. "Es de la iglesia de las Asambleas de Dios", me dijo. "Viene varias veces por día y ora por mí. Esta mañana me contó que había soñado conmigo. Dijo que se despertó a las 2.30 de la madrugada y oró por mí. Ella usa un idioma especial en la oración en momentos así. Me dijo que oró casi toda la noche."

"¿A las 2.30 de la madrugada?" Sacudí la cabeza, preguntándome porqué se le ocurría orar a esa hora en vez de hacerlo durante el día, cuando sería más conveniente.

"Sí", dijo Clarence. "Y yo también me desperté a las 2.30. El dolor era tan intenso que pensé que estaba muriéndome. Pero después de una hora o un poco más, pasó, y esta mañana me siento un poco mejor."

Aun así, yo veía que el estado de Clarence era cada vez peor. Las puntadas de la operación no habían cerrado, y el drenaje de los tubos que tenía en el costado era continuo. La incisión por donde entraban los tubos tampoco había sanado, y muchas veces el fluido salía fuera de los tubos. Era tan fuerte como si fuera un alcalino corrosivo. Había que limpiarlo inmediatamente para que no le carcomiera la piel. Las gasas, que eran muy caras, debían ser cambiadas varias veces por hora. Y el olor... Los médicos decían que era normal en casos como éste, y que por eso lo mantenían en un cuarto para él solo. Ningún otro paciente podría tolerar ese olor espantoso.

Algunas veces la fiebre subía tanto que las enfermeras debían trabajar intensamente, bañándolo en alcohol y poniéndole hielo en el cuerpo para bajarla. Eran las mismas enfermeras que venían a orar. Católicas, de las Asambleas de Dios, de la Iglesia de Dios, blancas y negras; todas entraban en puntas de pie al cuarto, le tomaban la mano y le decían: "Señor Luton, ¿puedo orar por usted?"

A pesar de las oraciones de las enfermeras, Clarence había pasado ya dieciocho días en el hospital, y su estado continuaba empeorando. Comenzó a sufrir lo que los médicos llamaban "hospitalitis": una profunda depresión causada por el miedo de morir en el hospital.

"Estaría mejor en su casa", dijo el doctor Shaw. "Aquí ya hemos hecho todo lo posible por él. Estará más feliz en un ambiente más familiar."

Mary Turpin accedió a venir a cuidarlo en casa, durante el día, cuando yo iba a trabajar. Alquilamos una de las bombas de succión para conectar los tubos del costado, compramos una enorme cantidad de vendas y gasas quirúrgicas, y lo llevamos a casa en una ambulancia. El médico me dijo que observara los signos vitales de Clarence y le informara si había algún cambio.

Las incisiones seguían abiertas y drenando. La bomba succionaba más de dos litros de fluido por día, pero seguía drenando hacia afuera también. La casa entera se había llenado de ese peculiar olor.

Tres semanas después de que Clarence volviera a casa, los tubos dejaron de drenar y la fiebre se disparó. Inmediatamente llamé al médico.

"Escúcheme atentamente", dijo el médico. "Esto será difícil, pero puede hacerlo usted misma. Tome los dos tubos y sáquelos unos veinte centímetros hacia afuera; luego adhiéralos nuevamente al cuerpo con cinta."

Seguí sus instrucciones, y los tubos comenzaron a drenar otra vez. Pero durante la noche, los tubos se salieron por completo, y el fluido comenzó a drenar libremente hacia afuera. Era un líquido espeso, horrible, de un olor espantoso, que contenía pedazos de lo que parecía ser carne en descomposición. Lo llevé nuevamente al hospital, donde le dieron otra inyección. Era obvio que los médicos no tenían ninguna esperanza en cuanto a su estado. Aunque evitaban cuidadosamente pronunciar la palabra, todos sabíamos que tenía cáncer y que no viviría mucho más.

Yo lo llevaba al hospital dos veces por semana para un tratamiento ambulatorio. Cuando me quejé ante el médico por la forma en que drenaba, él me dijo, algo molesto: "Señora Luton, usted tendrá que admitir que su esposo va a tener problemas como éstos."

Una noche, cuando estábamos en casa, sonó el teléfono. Era un vendedor que quería saber si estábamos interesados en comprar parcelas en un cementerio. Por un momento pensé que la llamada era una broma, pero luego comprendí que era en serio. Dije que sí, que estábamos interesados, pero que prefería que el vendedor viniera a mi salón de belleza después del horario de atención, en vez de que viniera a casa.

Tres días después elegí dos parcelas en el Cementerio Glen Abbey. También elegí ataúdes y decidí qué tipo de funeral quería. Firmé el contrato e hice un depósito. No había nada más que hacer, fuera de cuidar a Clarence mientras pudiera, y orar. Yo no lo sabía entonces, pero muchas veces las respuestas de Dios a nuestras oraciones llegan en formas aparentemente muy naturales.

En noviembre, poco antes del Día de Acción de Gracias, me llamó mi madre. "¿Has pensado en llevar a Clarence nuevamente al auditorio Shrine?", me dijo. Confesé que lo había pensado pero no había hecho nada. Ella insistió en que lo llevara.

Un domingo, temprano por la mañana, cuatro días antes del Día de Acción de Gracias, preparé a Clarence para el viaje, rodeándolo de almohadones, ya que la más leve sacudida en ese viaje de dos horas y media de duración podría hacerlo retorcerse de dolor. Mi madre iba con nosotros. Llegamos al auditorio, ubicado apenas a una cuadra de la autopista Harbor, aproximadamente a las 10:30 de la mañana.

Ayudamos a Clarence a acomodarse en una silla de ruedas y lo llevamos hasta la puerta lateral, donde esperaban otros pacientes sentados en situación similar. Luego de un rato, alguien abrió la puerta y nos hizo entrar. Encontramos asientos en la sección para sillas de ruedas, muy cerca del pasillo.

Clarence se quejaba constantemente del terrible dolor que sentía, sin duda agravado por el largo viaje. Cuando el culto comenzó, y Kathryn Kuhlman subió a la plataforma, ninguno de nosotros le prestó demasiada atención. Clarence se retorcía en su silla, tratando de acomodarse, lanzando un quejido involuntario de vez en cuando. En medio de todo esto, escuché que Kathryn Kuhlman decía: "Cáncer".

Ella insistió: "Por favor, póngase de pie y reciba su sanidad." Entonces vimos a una mujer, obviamente una consejera, que iba de un lado a otro del pasillo a nuestro costado. "¿Qué está buscando?", susurró Clarence.

Antes de que yo pudiera contestar, la consejera volvió a nuestra fila, y, estirándose lo más posible por sobre las otras personas que estaban allí, me miró y preguntó: "¿Qué le pasa?"

"Nada", contesté. "Traje a mi esposo para que sea sanado."

"¿Puede caminar?", le preguntó ella a Clarence.

"Bueno, si alguien me ayuda", respondió mi esposo.

"Entonces salga aquí al pasillo, señor", dijo la consejera.

Clarence me miró como preguntándome qué hacer. "Vé", le susurré. "Ellos te ayudarán a mantenerte en pie."

Lentamente, él se puso de pie. Las personas que estaban sentadas junto a nosotros en la fila lo ayudaron, permitiendo que se apoyara en sus manos al pasar.

"¿Qué le sucede?", preguntó la consejera.

"Oh, muchas cosas", respondió Clarence. "Me operaron del páncreas."

"¿Tiene cáncer?", dijo ella.

Clarence sacudió la cabeza negativamente, pero la consejera estaba mirándome a mí. Yo asentí con un firme movimiento de cabeza.

"Venga conmigo", dijo la consejera, y fue caminando junto a Clarence, dejando que él se apoyara en ella, hacia la parte de atrás del auditorio.

Minutos después vi a Clarence y a otra mujer que bajaban por el pasillo hacia la plataforma. Yo veía que ya algo había cambiado. Ya no arrastraba los pies; caminaba seguro, con la cabeza en alto.

"¿Qué tenemos aquí?", preguntó Kathryn Kuhlman cuando la mujer lo hizo subir a la plataforma.

"Señorita Kuhlman, éste es el hombre que fue sanado de cáncer en el sector de sillas de ruedas."

"¿Estaba usted dolorido cuando entró?", preguntó ella, llena de entusiasmo.

"Sí, señora, claro que sí", respondió Clarence, con el rostro brillante de gozo.

"Pero ahora no, ¿verdad?"

"No, señora, claro que no."

"¿Cuándo desapareció el dolor?"

"Se fue justo cuando usted señaló hacia allá y dijo: 'Alguien acaba de ser sanado de cáncer'. Yo no sabía que tenía cáncer. Pero mi esposa sí, y supongo que Dios también."

"Supongo que sí", rió ella. Era como una niñita que hubiera descubierto su juguete favorito debajo del árbol de Navidad. Entonces tocó suavemente a Clarence y oró por él. Momentos después, mi esposo se tambaleó y cayó hacia atrás. Yo ya había visto caer a varias personas en los cultos de Kathryn Kuhlman, y me había preguntado qué era lo que los hacía caer. Esta vez supe que era el poder de Dios.

Cuando Clarence volvió a su asiento, le pregunté: "¿Fuiste sanado?"

"Creo que sí", dijo él, moviendo las piernas y apretándose el estómago con ambas manos.

Yo estaba segura de que había sido sanado. Me daba cuenta por el nuevo color en su rostro, y la nueva fuerza y vitalidad que había en sus movimientos. Era un hombre completamente diferente.

Después de que terminó el culto, Clarence dejó la silla de ruedas a un lado y fue caminando hacia el auto. "Me siento como un hombre nuevo", dijo. "Pensándolo bien, me asustó la forma en que condujeron tú y tu madre cuando vinimos. Creo que voy a conducir yo ahora." Hacía seis meses que Clarence no conducía, así que nosotras protestamos. Pero él estaba decidido, y se puso tras el volante.

Si lo había asustado la forma en que condujimos el auto hasta Los Ángeles, él nos hizo morir de miedo en el viaje de vuelta a San Diego.

"¿Por qué vas tan rápido?", le pregunté.

"Quiero llegar a casa a tiempo para asistir al culto vespertino de la iglesia", me contestó. "Quiero entrar y decirles a todos los que han estado orando por mí que Jesús me sanó." Y eso fue exactamente lo que hizo.

Cuatro días después, Clarence se sentaba a disfrutar de la primera comida sólida que había tomado desde junio. Era el Día de Acción de Gracias, el más significativo en nuestras vidas.

A la semana siguiente, Clarence volvió a visitar al médico. Después de un examen intensivo, el doctor Elliot simplemente sacudió la cabeza: "¡Es un milagro de la medicina! No hay otra explicación."

Después de un mes, Clarence volvió a ser examinado por el cirujano. Este le dijo: "Señor Luton, no encuentro nada mal aquí."

Bueno, podían llamarlo un milagro de la medicina si querían. Pero es mucho más que eso para nosotros. Es un milagro de Dios. Los médicos decían que Clarence estaba a punto de morir. Sólo Dios podía sacarlo del estado temporario y darle vida.

Capítulo 3

Cara a cara con un milagro

Lorraine Gauguin, Reportera

espués de que se publicara un artículo sobre Kathryn Kuhlman escrito por mí, ella me escribió una carta invitándome a un culto de milagros en el auditorio Shrine de Los Ángeles. "Juntas, seguiremos maravillándonos ante lo que Dios ha preparado", decía su carta.

Así que, cuando llegué al culto en el Shrine, ya se había corrido la voz de que yo era periodista. "Entrevístenos", me rogó uno de los jóvenes que encontré en la planta alta, que acababa de volver de Expo '72. Querían contarle a todo el mundo sobre su compromiso para con Cristo. "A los medios masivos, aparentemente, no les importa", se lamentaba uno de ellos. "Si estuviéramos fumando droga y causando disturbios, seguramente harían una película sobre nosotros."

"Es un triste comentario sobre la vida actual", comenté, coincidiendo con él.

"Pero las cosas están cambiando", acotó un hombre de edad mediana que estaba sentado en la otra fila. "Hace poco acepté a Jesucristo como mi Salvador, y ahora me escuchan personas que nunca antes me escuchaban. Están comenzando a prestar atención."

Es cierto. La gente está escuchando, se está conectando. Nunca antes se habían vendido tantos libros cristianos. Las ventas han subido de un 25% a un 40%. Los cultos de Kathryn Kuhlman llenan un vacío insondable en el mundo caótico y lleno de presiones de la actualidad. Las personas buscan un lugar donde ir con sus profundos anhelos que no tienen respuesta. Saben que algo está mal, pero no saben qué. Muchos están destrozados espiritual y físicamente, con matrimonios fragmentados y imágenes degradadas de sí mismos. Han perdido su integridad personal. El tiempo se acaba, y ellos corren al auditorio Shrine para escuchar hablar de Jesús, de misericordia, de perdón de pecados y de esperanza.

El lugar estaba atestado de gente. Jóvenes y viejos (aquí no había brecha generacional), blancos y negros (ninguna referencia a política ni racismo)... siete mil personas felices, rebosantes de gozo. El aire estaba cargado de emoción y reverencia. Yo podía sentirlo. Todos los que podían ponerse en pie lo hicieron cuando el tremendo coro empezó a cantar y entró Kathryn Kulhman. Siete mil pares de brazos se extendieron hacia el cielo acompañando a la melodía de "Cuán grande es él". Vi la alegría en sus rostros, que momentáneamente habían dejado el dolor a un lado.

Cada culto de milagros ofrece algo diferente a cada uno de los presentes. Algunos reciben milagrosas sanidades; otros invitan a Jesús a entrar a sus corazones. Es raro que una persona salga de allí vacía, sin haber sido tocada en alguna forma en particular. La bendición especial para mí, en ese culto, fue conocer a un milagro vivo: Judy Lewis, a quien Kathryn Kuhlman presentó desde la plataforma.

Judy había asistido al culto el mes anterior, sentada en una silla de ruedas. Había sido traída desde Houston por su jefe, Raymond McDermott, y un capitán de la policía de esa ciudad, John LeVrier.

"Judy no fue sanada durante el transcurso del culto", explicó Kathryn Kuhlman a la gente. "Pero después, estos dos hombres la llevaron detrás de la plataforma. Mientras oraban, puestos de espaldas hacia Judy, ella se levantó de la silla de ruedas, pero no salió caminando... ¡corrió!" Kathryn rió. "Ustedes ya se habían ido a sus casas. Tuvimos nuestro propio culto de milagros allí mismo, en mi camarín."

Eso me llamó la atención. Había oído de paralíticos que caminaban, pero sólo en los tiempos en que Jesús estuvo en la tierra. ¿Seguía sucediendo? ¿Aún sanaba Jesús a las personas, aún aquellas que estaban confinadas a sillas de ruedas? "Si pudiera conocer a Judy Lewis personalmente", pensé. Si pudiera estar cara a cara con un milagro... entonces lo sabría con seguridad.

A la mañana siguiente, un colaborador de Kathryn Kuhlman me llamó. Yo no podía creer lo que estaba escuchando. Kathryn

Kuhlman, sintiendo que yo era un poco escéptica, quería que yo fuera a entrevistar personalmente a Judy Lewis. ¡Por supuesto que acepté!

Un día húmedo y sofocante de agosto, fui desde el Valle de San Fernando, cruzando las colinas, hacia el Hotel Century Plaza. Llamé a Judy desde la recepción y ella contestó que me estaba esperando junto con el señor McDermott. La vi desde una cierta distancia: una mujer alta y delgada, de poco más de cuarenta años, caminando rápidamente por el hall. Tenía puesto un pantalón amarillo y el cabello recogido con una hebilla. Mientras se aproximaba, se palmeaba la cadera. "Esta cosa me atrasa un poco, pero ya llego", dijo en tono de broma con un acento que no dejaba lugar a dudas que era de Houston, Texas.

Nos sentamos cómodamente en el living de la suite del hotel, mientras ella me presentaba a Raymond McDermott, un exitoso abogado de Houston.

"Todavía camino con un poco de cojera por los clavos de acero que tengo en la cadera y el muslo", dijo. "Pero tendría que haberme visto hace un mes: no caminaba para nada."

La sanidad había ocurrido exactamente treinta días antes, y Judy seguía maravillada ante el hecho de que podía caminar nuevamente. Todo el dolor y la incomodidad que le causaban sus lesiones habían desaparecido. Sacó unas fotografías en colores que le habían tomado un mes antes, frente al Hotel Century Plaza, camino al auditorio Shrine, y sentada en su silla de ruedas, en el camarín de Kathryn Kuhlman, antes de que comenzara el culto de milagros. Después me señaló, gozosa, las fotografías que le habían tomado inmediatamente después de ser sanada. ¡Estaba haciendo ejercicios en la terraza del hotel!

"Nena, creo que toda la gente del hotel pensó que estaba loca. Pero yo estaba tan contenta que no me importaba. Estaba todo el tiempo poniéndome a hablar con gente que no conocía para contarles que me había ocurrido un milagro a mí... ¡a mí!"

Durante nuestra conversación, el señor McDermott estuvo sentado en silencio, sonriendo. Le regunté si realmente había creído que Judy volvería a caminar nuevamente. "Oh, sí", contestó rápidamente. "Absolutamente. Yo sabía que sucedería. La fe de esta chica hizo que yo me entregara a Cristo."

Judy seguía charlando y mostrándome las fotografías, palmeándose la cadera. Exclamaba: "Ya no hay más dolor. Hace unas semanas no podía ni tocarme la cadera. El dolor era insoportable. ¡Pero mira ahora! ¡No hay más dolor!"

Finalmente comenzó a calmarse y me relató toda la historia: sus años de dolor y sufrimiento, la pesadilla en que se había convertido su vida.

Todo había comenzado una mañana de mayo de 1952. Eran las 7:15, y Judy inclinó la cabeza sobre el volante de su auto recién comprado para orar. Toda su vida había sido bautista, y comenzaba cada día orando antes de ir a su trabajo. Era secretaria y trabajaba en una oficina en el centro de Houston. Judy le agradecía especialmente a Dios por el amor de su madre y de su esposo Lester, con quien llevaba diez años de feliz matrimonio.

Esa mañana el tráfico era muy denso. Judy se detuvo ante un semáforo en rojo. Al mirar por el espejo retrovisor, vio un camión de dieciséis ruedas, cargado de pollos, que venía hacia ella a toda velocidad. Era demasiado tarde para salir de su camino. Hubo un terrible golpe, y luego, total oscuridad. El camión, que venía a más de 90 kilómetros por hora, había destrozado totalmente su auto y lo había incrustado en el auto que estaba adelante, comenzando así una reacción en cadena que alcanzaba a cinco vehículos. Judy había quedado tendida en el suelo de su auto hecho pedazos, con graves heridas e inconsciente. Una enfermera que estaba por casualidad por allí impidió que la movieran hasta que llegó la ambulancia.

Dos semanas después, Judy volvió al estado consciente, lenta y dolorosamente, en una habitación de un hospital. Su cuello y ambas piernas estaban sujetas a tracción. Pudo oír vagamente una voz que no reconocía, diciendo: "Temo que ya no volverá a caminar."

No podía creer lo que estaba oyendo. Tenía 28 años y jamás en su vida había estado enferma. ¿Qué le había ocurrido? ¿Por qué no podía moverse? Su vida no podía terminarse a los veintiocho años. Comenzó a luchar en su cama, y de repente sintió una sensación fresca y extraña en su frente y escuchó una voz (que, sostiene ella, era la voz de Jesús), que la consolaba: "Judy, todo saldrá bien."

"Sólo la fortaleza que me dio esa promesa me permitió seguir adelante", me dijo al relatarme la agonía que vivió a partir de ese momento. Sus lesiones incluían seis discos (lumbares y cervicales) rotos, graves lesiones en el cuello, y su sistema nervioso central estaba seriamente dañado.

Durante dos años estuvo entrando y saliendo del hospital continuamente. Finalmente logró caminar, pero siempre arrastrando la pierna izquierda y acosada por dolores insoportables. Sin empleo y con su salud seriamente afectada, se vio forzada a permanecer en casa. Su vida comenzó a centrarse en tres cosas: su madre; su esposo Lester, que la había acompañado en toda esta pesadilla, y su Biblia.

Había otros aspectos de la la vida de Judy que no habían formado parte de ella antes: las constantes visitas a hospitales y a consultorios de médicos. Ella era alérgica a los analgésicos, así que sufría sin encontrar alivio y debía luchar con el insomnio. Solía recorrer la casa de noche como un fantasma, arrastrando su pierna, aferrándose a las sillas y las paredes, tratando de no despertar a su esposo. Con cada paso, los discos rotos de su columna la hacían temblar de dolor.

Judy trató de adaptarse a su nueva vida. La Biblia se volvió muy preciosa para ella, al clamar por la fortaleza de Dios para cada nuevo día. Al menos tenía a su madre y a su esposo.

Pero en setiembre de 1960, mientras estaba trabajando en la instalación de un equipo de aire acondicionado, Lester tocó un cable de alto voltaje. Gritó pidiendo que alguien cortara la corriente, pero antes de que pudieran hacerlo, estaba electrocutado.

Al anochecer de ese mismo día, Judy recibió un llamado del hospital donde su madre se trataba de cáncer. "Venga inmediatamente", dijo el médico. "Su madre está muriendo."

Judy fue inflexible. No aceptó las palabras del médico. Fue al hospital y trajo a su madre a su casa. Durante los tres años siguientes la cuidó cariñosamente, alimentándola por medio de un tubo conectado al estómago.

Cuando Lester murió, un destacado abogado de Houston, Raymond L. McDermott, se había hecho cargo de los papeles de Judy. Él era especialista en juicios por accidentes y había ayudado a la familia anteriormente, al presentar los cargos por el accidente de Judy. Pero ahora había más problemas. Lo que Judy pensaba que era un seguro de vida, cubría solamente cuidados de salud y hospitalización. Judy tenía que cuidar a su madre, no tenía ingresos, y sentía que alguien le había quitado el piso de debajo de sus pies.

Sabía que tenía que volver a trabajar. Pero... ¿dónde? ¿Quién emplearía a una mujer que vivía aquejada por constantes dolores que no podía caminar normalmente, sin arrastrar la pierna izquierda? Ray McDermott dijo que la emplearía.

Para ser secretaria de un estudio jurídico se necesitaba una formación especial, pero McDermott dijo que ella podría aprender, y la animó a tomar el puesto.

Judy comenzó a trabajar inmediatamente. Todas las noches se llevaba a su casa pesados libros y formularios legales para estudiar. Mientras cuidaba a su madre, pasaba las noches de insomnio estudiando documentos legales, hasta que llegó a convertirse en una eficiente secretaria legal.

La fe cristiana de Judy nunca decayó, y cuando supo que a pesar de su amabilidad y generosidad, el señor McDermott no era cristiano, comenzó a orar para que él aceptara a Cristo. Él y su esposa tenían seis hijos, todos los cuales asistían a la iglesia. Que los esposos McDermott nacieran de nuevo llegó a convertirse en una obsesión para Judy. Pero antes de que esta oración fuera contestada, nuevas tragedias le esperaban.

La vida de Judy en su hogar parecía centrarse alrededor de su cama. Después de que su madre murió, Judy pasaba la mayor parte del tiempo en cama, leyendo, escuchando la radio, y hablando por teléfono. Era el único lugar donde podía encontrar alivio para su dolor. Una noche de mayo, muy tarde, Judy salió de la cama arrastrándose para ir al baño. El reloj de la radio marcaba la 1:15 de la madrugada. Judy dio un paso más, sintió el cordón de la manta eléctrica cruzando su pie, y cayó al suelo con una violenta sacudida.

Un dolor agónico siguió a la caída. Cuando trató de moverse, descubrió que no podía. No supo cuánto tiempo había estado inconsciente, pero la palabra "paralítica" cruzaba su mente como ráfagas, inundándola de terror. De a ratos quedaba inconsciente, para despertar nuevamente luego. No había nadie que pudiera oírla si gritaba. En un momento descubrió que podía mover un poco el brazo y la mano derecha. Entonces tomó el cobertor que estaba sobre la cama y tiró de él para acercarse poco a poco a la cama. Cada vez que tiraba, el esfuerzo la hacía quedar inconsciente por unos minutos. Al llegar junto al teléfono miró la hora. Eran las 6:30. Tiró del cable del teléfono y lo hizo caer al suelo. Llamó al número de emergencias justo antes de caer nuevamente en la inconsciencia.

En el hospital, los médicos descubrieron lesiones múltiples. Las radiografías revelaron una cadera rota, tres fracturas en la pelvis, y nuevos daños en la columna. Parte de uno de los discos rotos había caído en el canal espinal, bloqueando algunos nervios, clavándose en otros y cortando otros más. Judy debió ser sometida a una operación en la que sus huesos fueron sostenidos por clavos, discos y placas de acero inoxidable. Al recuperarse, sin embargo, descubrió que el más leve toque o presión sobre su cadera o sobre su muslo le causaba espasmos de dolor. Estaba paralizada de la cintura para abajo. Los médicos no le daban esperanzas de que jamás pudiera salir de la silla de ruedas o volver a vivir sin dolor.

Judy no pudo volver a trabajar sino después de cuatro meses y medio, y finalmente volvió al estudio jurídico en una silla de ruedas. Su pierna izquierda sufría violentos espasmos periódicamente, y se necesitaban varias personas para colocarla nuevamente en posición normal. A Judy la avergonzaba la pérdida de control de su vejiga, y muchas veces alguna de las otras mujeres que trabajaban en el estudio debía ayudarla a ir al baño.

Parecía que habían pasado millones de años, casi como si hubiera ocurrido en otro mundo, desde ese día en que había sentido esa mano fresca en su frente y las palabras: "Judy, todo saldrá bien." ¿Las había escuchado realmente? ¿Habría realmente un momento en que Jesús arreglara todo? ¿Significaría esto que sería sanada? No había respuesta para sus preguntas. En cambio, cada vez empeoraba más.

Judy trató de renunciar a su trabajo, pero el señor McDermott no quiso oír hablar del tema. Cada mañana iba a buscarla a su casa y la llevaba a la oficina. Por la tarde, la llevaba de vuelta a casa. El tiempo que pasaba hasta la mañana siguiente era una verdadera tortura. Muchas veces, Judy se arrastraba hasta la cama, donde se tiraba vestida, exhausta y totalmente desesperada.

La única comida sólida que consumía era el almuerzo, en la oficina. En su casa, vivía de Coca Cola. Su peso disminuyó en forma alarmante. Su situación parecía no tener solución posible. Pero Judy creía con todo su corazón que nada era imposible para Dios y que todas las cosas ayudan a bien a quienes lo aman. Y estaba confiando en que él ordenaría todas esas cosas.

Las tres pequeñas sobrinas de Judy eran una de las pocas cosas hermosas en su triste vida. De vez en cuando pasaban la noche del sábado con ella. Pero aunque ellas estuvieran allí, Judy seguía pasando sus noches de insomnio leyendo, generalmente leyendo La Biblia. Una noche, la pequeña Amy, de diez años, se despertó y le preguntó a tía Judy qué estaba haciendo. Judy explicó que estaba leyendo sobre el Espíritu Santo.

"¿Quién es él?", preguntó Amy. Judy explicó: "La tía Judy no puede correr y saltar y jugar como ustedes. Pero mi corazón está tan lleno de gozo y agradecimiento que no puedo manifestarlo con la suficiente fuerza al Señor. Entonces el Espíritu Santo toma ese gozo y le da las palabras al Señor."

Por medio de los casos del estudio y por contactos surgidos allí, Judy había conocido al capitán John LeVrier, diácono de la Primera Iglesia Bautista, que se había convertido en un buen amigo suyo. Cuando se corrió la voz de que el capitán LeVrier sufría de cáncer, Judy y el señor McDermott fueron a visitarlo al hospital.

Después, el capitán LeVrier fue milagrosamente sanado en un culto de Kathryn Kuhlman en Los Ángeles. LeVrier, que era muy conocido en Houston, comenzó a testificar a toda la ciudad sobre su sanidad, y sobre el nuevo poder del Espíritu Santo que estaba experimentando. Era fascinante, y por primera vez, Judy vio la posibilidad de ser sanada. Pero su estado seguía empeorando.

Cuando ya no pudo asistir más a la iglesia, tuvo que contentarse con quedarse en casa y mirar los programas de la Primera Iglesia Bautista en la TV. Un sábado por la tarde, al terminar el programa, Judy dio vuelta la silla de ruedas y se disponía a salir del cuarto, cuando escuchó una voz de mujer que proclamaba: "Yo creo en milagros".

"Era la voz más extraña que yo hubiera oído", me dijo Judy. El programa entero la sorprendió. Ella creía en la oración y sentía que su vida era guiada por el Espíritu Santo, pero un programa de televisión en el que se mostraran milagros parecía algo sacrílego. Pero el capitán LeVrier había sido sanado a través de este ministerio. Al menos, tendría que observarlo con una mente abierta. Para la semana siguiente, ya había comprado los dos libros de Kathryn Kuhlman, *Creo en milagros* y *Dios puede hacerlo otra vez*.

La salud de Judy estaba ahora deteriorándose rápidamente. Su médico (que la atendía desde 1952) le dijo que jamás, en el ejercicio de su profesión, se había sentido tan inútil. Debido a su alergia, no podía aliviarle el dolor. Lo único que podía hacer era prescribir medicamentos suaves para intentar disminuir la fuerza de los violentos espasmos musculares que le sobrevenían varias veces por día.

Muchas veces, Judy pasaba dos noches seguidas sin dormir. En la tercera noche, caía en un sueño pesado y enfermizo. Al levantase estaba tan cansada como cuando se había acostado, sin apetito, temblando y dolorida, con grandes ojeras. La vida se le estaba escapando.

Entonces Kathryn Kuhlman llegó a Houston para realizar un culto de milagros allí. El capitán LeVrier y el señor McDermott insistieron para que Judy los acompañara. Ella aceptó, y el 21 de junio de 1972, ambos la llevaron al Hofheinz Pavilion. Ya habían pasado 20 años desde su primer accidente.

Lo extraño fue que Judy no pensó en sí misma primero. "Yo había estado orando durante mucho tiempo por mi querido jefe", me dijo, recordando ese día. "Y quería que él aceptara a Jesucristo como su Salvador personal, aún más de lo que quería ser sanada."

Judy no fue sanada durante ese culto de milagros. Tampoco el señor McDermott aceptó a Cristo. Pero Judy salió de allí con una seguridad interior de que ambas oraciones serían contestadas.

La semana siguiente, el señor McDermott entró a la oficina de Judy, aparentemente para dejar unos papeles en su escritorio, y dijo: "Judy, sabes, he estado pensando mucho. Quiero nacer de nuevo."

Judy asintió, demasiado gozosa como para hablar. Pero cuando McDermott salió de su oficina, explotó en alabanzas. Dios ya estaba respondiendo a su primera oración.

El interés del señor McDermott crecía día a día. Junto con el capitán LeVrirer, hicieron planes para llevar a Judy al próximo culto de milagros en Los Ángeles. La señora McDermott no podía viajar, y por lo tanto Judy debería pedir ayuda de mujeres extrañas. Pero a pesar de sus dudas en cuanto a hacer un viaje tan largo, ella sentía que iba a ser sanada. Por lo tanto, reservó un pasaje de regreso en una aerolínea que no aceptaba personas en sillas de ruedas.

Lo último que hizo antes de salir de Houston fue llamar a su sobrinita Amy. "Por favor, ora por mí este domingo, Amy", le dijo. "Por favor, ora para que Dios cure a la tía Judy."

El día previo al culto, Judy, el señor McDermott y el capitán LeVrier reservaron habitaciones en el hotel Century Plaza. Los hombres ayudaron a Judy a entrar a su cuarto antes de entrar al suyo. Una vez sola, ella se largó a llorar, preguntándose cómo podría pasar el día que tenía por delante sin nadie que la ayudara. Comenzó a temblar y un violento espasmo sacudió su pierna. Al levantar la vista, Judy se vio reflejada en el espejo: delgada, deteriorándose más a cada instante, con la pierna sacudiéndose monstruosamente. "Seguramente éste será el fin, a menos que mañana sea sanada."

Esa tarde salieron a pasear. Judy sufría de terribles dolores. Mientras observaban unos murales en Forrest Lawn, se vio obligada a pedir ayuda para ir al baño a una mujer que no conocía. El resto del día fue una película borrosa, un tour de pesadilla, subiendo y bajando por calles que parecían no tener fin.

Al domingo siguiente, por la mañana, los hombres tomaron fotografías de Judy sentada en la silla de ruedas frente al hotel.

En el auditorio Shrine, la llevaron en la silla hasta detrás de la plataforma, donde Kathryn Kuhlman saludó al capitán LeVrier y autografió los libros de Judy. El señor McDermott tomó otras fotografías. Luego comenzó el culto.

Judy comenzó a orar fervientemente para que su jefe aceptara a Jesús. Durante el culto, Judy tuvo que retirarse, debido a los espasmos que sacudían todo su cuerpo. Una enfermera la ayudó a ir al baño y le dijo: "No puede volver allí adentro. Necesita un médico."

"Iré adentro", insistió Judy. "El único médico que necesito es el Gran Médico." Judy se sacó de encima los brazos de la enfermera que trataba de retenerla y volvió al auditorio, bajando por uno de los pasillos. Había tocado fondo. Su cuerpo se retorcía espasmódicamente, y así continuó durante todo el culto. Aunque muriera, iba a quedarse allí, orando para que el señor McDermott aceptara a Cristo.

Finalmente, el culto terminó. El señor McDermott no había respondido a la invitación a pasar al frente y aceptar a Jesucristo, y Judy seguía igual. El capitán LeVrier estaba desolado. Los dos hombres empujaron la silla de ruedas hasta detrás de la plataforma para que Judy se despidiera de Kathryn Kuhlman. Por fin, allí, en el camarín, McDermott habló. A pesar de que Judy no había sido sanada, le dijo a Kathryn que quería entregarse por completo a Cristo. La señorita Kuhlman puso una mano sobre la cabeza de Raymond McDermott y oró para que el Espíritu Santo hiciera entrar a Jesús en su corazón.

"Yo estaba tan feliz", recordó Judy. "Levanté la vista y sentí que podía ver el cielo. Dije: 'Gracias, Señor, por hacer más de lo que yo te pedí.'"

"Entonces", continuó, "sentí unas manos muy, muy suaves, pero al mismo tiempo firmes, que me levantaban de la silla de ruedas. Miré hacia atrás, y allí estaba la silla vacía. Me pregunté: '¿Dónde están mis pies?'. Entonces me di cuenta de que estaba apoyada sobre ellos. Ya no sentía ningún dolor, ni el más leve. Volví a sentir esas manos suaves sobre mí, y esta vez di un paso entero hacia adelante."

El capitán LeVrier miró desde el otro lado del camarín y vio a Judy de pie. Confundido, cayó de espaldas sobre una silla. La señorita Kuhlman hizo girar la silla de ruedas, y luego quedó inmóvil, mirándola asombrada. El señor McDermott murmuró: "Alabado sea el Señor", sus primeras palabras desde que nació de nuevo. Judy miró sus pies y vio que se le había caído el zapato izquierdo. Antes, su pie izquierdo estaba retorcido; ahora los dedos estaban derechos.

"¡Miren mis dedos!", gritó. Entonces, al comprender lo que había pasado, gritó: "¡Oh, gracias, Jesús. Estoy lista. Vamos." Al decirlo, se quitó el otro zapato de un puntapié y comenzó a caminar de un lado a otro del camarín, sin que le fallaran los pies ni una vez. Hacía catorce meses que no daba un paso, pero caminaba tan naturalmente como si nunca hubiera dejado de hacerlo.

Las mejillas de Kathryn Kuhlman se cubrieron de lágrimas, y ella también se quitó los zapatos. Juntas, ella y Judy caminaron de un lado a otro, mientras los hombres las miraban. Finalmente, Kathryn abrió la puerta del camarín. "¿Quieres caminar, Judy? Bien, hazlo." Judy salió al auditorio caminando. El señor McDermott, caminando a su lado, le llevaba los zapatos. El capitán LeVrier empujaba la silla de ruedas vacía. Kathryn Kuhlman caminaba tras ellos, descalza. Todos lloraban y reían al mismo tiempo.

Cuando volvieron al hotel, el sol seguía brillando, y Judy salió a la terraza. Allí, bajo sus brillantes rayos, rodeada de plantas y flores de hermosos colores, comenzó a hacer ejercicios de elongación que hacía veinte años que no podía realizar. El señor McDermott sacaba más fotografías, y la gente miraba sin poder creerlo. Luego, Judy entró presurosa a la habitación para hacer un llamado de larga distancia, persona a persona, a su sobrinita Amy.

Apenas escuchó la voz llena de gozo de su tía en el teléfono, Amy comenzó a gritar: "¡Tía Judy fue sanada! ¡Fue sanada!"

"Tía," le contó la niña, "esta mañana oré por ti en la iglesia. Yo quería pedirle a Dios que te sanara, pero tenía mucho miedo de no decir las palabras apropiadas. Entonces recordé lo que me dijiste sobre el Espíritu Santo, que lleva nuestros mensajes. Así que dije: 'Señor Espíritu Santo, ¿podrías, por favor, decirle al Señor de mi parte que estoy orando por la sanidad de mi tía Judy?' ¡Y él contestó mi oración!"

Judy volvió a Houston, en un avión de esa compañía que no aceptaba personas en sillas de ruedas. Al día siguiente asistió a la consulta habitual con su médico.

El señor McDermott asistió también, como testigo, y se quedó en la sala de espera mientras el doctor examinaba a Judy. Poco después, el médico le pidió que entrara al consultorio.

"¿Vio usted esto?", le preguntó, señalando a Judy. "Es un milagro." El señor McDermott rió y contestó: "Me alegra que lo diga. Ya sé que es un milagro. Yo lo vi cuando se produjo."

Judy estaba allí sentada, con el rostro brillando en medio de las lágrimas. En mis ojos también había lágrimas. Había perdido el escepticismo, y también las palabras. Al ver mi mirada, el señor McDermott sonrió. "¿Por qué no dice algo?"

Pero lo único que yo podía hacer era mover la cabeza en silencio. ¿Hay algo que se pueda decir cuando uno está frente a frente con un milagro?

Guardé el anotador y la lapicera. Quizá escribiera una nota, quizá no. Ni siquiera estaba segura de tratar de poner en el papel lo que había visto y oído ese día. Pero de una cosa estaba segura. La promesa que Dios le había hecho hacía más de veinte años ("Judy, todo saldrá bien") se había cumplido. Y al ver a Judy, ningún escéptico podría negarlo.

Capítulo 4

El gran pescador

Sam Douds

Yo siempre había tratado de imaginarme cómo fue Simón Pedro. Pero sólo cuando conocí a Sam Douds pude formarme una idea aproximada. Sam es todo un hombre. Mide 1,95 y pesa 125 kilos de puro músculo y hueso. Todos los pescadores de la costa sudoeste conocían a Sam. Podía beber, decir más palabrotas y pelear más que cualquiera de ellos. Pero un día fue golpeado por alguien mucho más grande que él: el cáncer. Desesperado, Sam volvió su mirada a Dios, y descubrió que Dios ya estaba intentando acercarse a él. Ahora, Sam, que sigue soltero, vive con los monjes benedictinos en el convento St. Charles, en Oceanside, California, donde pasa su vida sirviendo a su Señor como el hermano Samuel.

o siempre había vivido una vida bastante dura. Era lo suficientemente grande como para ganarle una pelea a cualquier hombre que conociera, y no me importaba provocarlos sin razón alguna. Varios años antes de ganarme la vida como pescador, trabajaba manejando un gran camión diesel por el sur de California. Una mañana, después de pasar la noche en un motel junto al camino, me levanté de mal humor... bueno, yo siempre estaba de mal humor. Escuché a dos tipos que estaban afuera, hablando en voz bastante alta. Pensé que si yo estuviera durmiendo, estos tipos seguramente me molestarían. Cuanto más lo pensaba, más molesto me ponía. Así que salí, bajé las escaleras, abrí de un golpe la puerta del auto donde estaban, agarré a uno de los dos y lo golpeé hasta cansarme. Esa clase de hombre era yo.

Durante los últimos catorce años yo había vivido en Santa Bárbara. Antes no tenía hogar. Pasé un tiempo manejando una excavadora y ocho años cortando los grandes árboles de los bosques en el estado de Washington. Según las estadísticas, si uno trabaja como leñador durante seis años, o queda tullido, o muerto. Así que después de un tiempo me mudé a Santa Bárbara, compré un bote pesquero de 20 metros de eslora, y me dediqué a pescar comercialmente.

Mi verdadera ocupación, sin embargo, era ser alcohólico. Sólo pescaba para ganarme la vida, para comprar bebida y armar "fiestas" en el bote. Supongo que era demasiado mezquino y egoísta como para casarme. Así que bebía, andaba con mujeres y pescaba... en ese orden.

Una de las razones por las que bebía tanto era para olvidar el dolor físico que sentía. Cuando trabajaba como leñador, al subir a esos árboles tan altos para cortarles las ramas, me había destrozado los tendones de las piernas y los brazos. Había estado en los consultorios de todos los médicos especialistas de Santa Barbara, salvo uno. Todos me decían lo mismo: no podían hacer nada para hacer desaparecer mi dolor.

Yo había estado tomando grandes cantidades de píldoras contra el dolor durante ocho años. Todos esos medicamentos me costaban aproximadamente cien dólares por mes. Ningún médico me recetaba suficientes píldoras, así que iba de uno a otro, y también cambiaba de farmacia, para que no se dieran cuenta. Cuando tomaba las píldoras, las hacía bajar con gin, lo cual aceleraba su efecto.

En 1945, en Brawley, California, yo iba manejando y se produjo un accidente en el que murió un muchacho. Me arrestaron, y aunque no fui acusado de nada, toda la ciudad quería lincharme. Yo ya no me atrevía a salir de casa durante el día, y por las noches, frecuentemente me metía en peleas pesadas en algún bar.

Como no tenía nada que hacer, me quedaba en mi cuarto en el hotel. Así comencé a leer La Biblia de los Gedeones. En parte, lo hacía porque me preguntaba si realmente era tan malo como la gente decía. Una cosa que realmente me quedó grabada fueron las palabras de Jesús sobre ministrar a los enfermos, alimentar a los hambrientos y visitar a los que están en la cárcel. Comencé a pensar que podría enmendar de alguna forma la muerte de ese muchacho sacando a otros tipos de la cárcel. Así que, sin importar cuán alcoholizado estuviera un mendigo, yo siempre le daba dinero. Y si me enteraba de que algún tipo que yo conocía estaba en la cárcel, pagaba su fianza para que saliera. En realidad, las autoridades que controlaban el juego en Santa Bárbara me acusaban de ser el fiador de todos en la ciudad, porque cada vez que mandaban a alguien a la cárcel por haber quebrado la ley, yo iba y pagaba la fianza para que saliera. Ellos decían que esa gente tenía que quedarse en la cárcel para tener tiempo de pensar sobre lo que habían hecho, pero yo había estado en la cárcel una vez, y no me había gustado.

La otra experiencia "religiosa" que tenía era haber asistido una vez a un culto de Kathryn Kuhlman en 1967. Una amiga mía, Grace, tenía una hija de 15 años que se había escapado de su casa. Grace estaba buscando frenéticamente la forma de encontrarla. Yo había vuelto recién de una salida de pesca para completar unos papeles y estaba en una oficina tratando de sacar fotocopias de unos formularios. Allí fue que Marian McKenzie, la dueña de la oficina, comenzó a hablarme sobre Kathryn Kuhlman.

"Es una clarividente", me dijo. "Sube a la plataforma, y cierra los ojos, y dice:

'Hay una mujer allí que tiene un vestido blanco con lunares azules."

Bueno, desde entonces, he comprendido que Kathryn Kuhlman no es ninguna clarividente, como yo no soy el Santo Padre. Pero en ese momento no sabía nada de los dones del Espíritu, y no creo que Marian supiera mucho, tampoco. Pero había muchos clarividentes en Santa Bárbara y los alrededores, y algunos de ellos decían ser pastores. Yo creía que si Grace iba a ver a Kathryn Kuhlman, quizá hallaría a su hija. Marian conocía a Maude Howard, quien estaba a cargo de las reservas en los autobuses que llevaban gente a las reuniones, así que le di el dinero para un pasaje y llamé a Grace por teléfono.

"Hey, tengo un boleto de autobús para que vayas a ver a esta adivina en Los Ángeles. Quizá ella pueda encontrar a tu hija."

Aún no entiendo porqué nadie me corrigió. Quizá era parte del plan de Dios que yo no conociera la verdad en ese momento. Porque resultó que Grace sólo aceptaría ir si yo iba con ella.

No me gustaban mucho ese tipo de viajes, especialmente porque sabía que no podría beber. Pero me aseguré de tomar bastante antes de subir al autobús y me llevé cinco botellas de jarabe medicinal llenas de gin para el viaje.

En realidad, yo no sabía nada sobre Kathryn Kuhlman, y verla en la reunión fue un gran impacto para mí. Apareció en el escenario, y para mí fue algo teatral. Ahora sé que ella permanece en su camarín orando hasta que está llena del Espíritu Santo. Cuando sube a la plataforma, apenas puede apoyar los pies en el suelo. Pero cuando la vi por primera vez, me disgusté tanto que me levanté y salí del auditorio.

Pero cuando estaba atravesando el hall de entrada, pensé: 'Y ahora, grandulón, ¿qué vas a hacer?" No había visto ningún bar en las cercanías del auditorio Shrine, y el único lugar al que podía ir a quedarme un rato era el autobús. No quería quedarme sentado en ese estúpido vehículo durante tres horas. Me sentía como un tonto, porque había obligado a Grace a venir, y ahora el que se iba era yo. Fumé un cigarrillo, bebí parte del gin, y volví a entrar.

Cuando comenzaron las sanidades, me levanté nuevamente para irme. Ya era demasiado esto de estar en un lugar protestante. Yo no era muy católico, pero no me gustaban para nada los protestantes. Combinar protestantes con sanidades era casi más de lo que yo podía soportar. Pero entonces recordé que tendría que volver a entrar como antes. Así que esta vez ni siquiera salí de la fila.

La primera persona que Kathryn Kuhlman llamó a la plataforma fue un niño de ocho años. "Hay un niñito aquí que nunca ha podido caminar sin aparatos ortopédicos en ambas piernas", dijo. "Ahora puede caminar. Quiero que alguien que está a su lado, creo que es su madre, le quite esos aparatos y lo deje que corra libremente por el pasillo."

Inmediatamente giró, señalando hacia otro lado del auditorio. "Hay una mujer allí, que tiene setenta años y su columna se está deteriorando. Ha sido sanada hace aproximadamente media hora. Lo sentí. Hacía muchos años que usted no podía ponerse de pie sola, pero ahora sí puede."

Entonces vi al niñito que subía al escenario. Su madre venía tras él, sosteniendo los aparatos ortopédicos. El niño comenzó a correr de un lado a otro de la plataforma, y su madre lloraba. Pensé: "Qué bien actúa, para ser un niño." Me pregunté cuánto le habrían pagado.

Yo me creía muy bueno para hacer cuentas, así que comencé a calcular cuánto tendría que pagarles Kathryn Kuhlman a estos dos actores profesionales. Estimé que sería unos mil dólares a cada uno.

En ese momento subió a la plataforma la mujer de setenta años. Su cirujano ortopédico subió con ella. Parecía un buen tipo. Otros médicos que estaban en la plataforma lo reconocieron. Pensé: "Vaya, deben de haberle pagado bastante a ese doctor para que se corrompa así." Estimé que les habría costado unos dos mil dólares comprarlo.

La anciana dijo que ella era quien había sido sanada de la enfermedad en la columna, y Kathryn Kuhlman le pidió que se inclinara y tocara el piso. No sólo tocó el piso, sino que apoyó las palmas de las manos... doce veces. Lloraba y reía al mismo tiempo.

Bueno, yo no podía apoyar las manos en el piso así, y no conocía a nadie que pudiera hacerlo. Pensé: "Esta es una acróbata de setenta años." Quise calcular cuánto habría cobrado por subir a la plataforma y simular que había estado mal de la columna.

Otros subieron después, y yo seguía tratando de calcular cuánto les habrían pagado. Cuando iba por la mitad, pensé: "¡Cielos, acaban de gastarse medio millón de dólares en actores contratados!" No conocía nadie que tuviera tanto dinero para despilfarrar, así que le pregunté a la mujer que estaba sentada junto a mí y le pregunté: "¿Cada cuánto tiempo se hacen estas reuniones?"

Me contestó: "Kathryn Kuhlman viene aquí una vez por mes. También va una vez por semana a Pittsburgh y Youngstown y a otras ciudades de todo el país."

Volví a sentarme, totalmente anonadado. Comencé a sumar las cifras mentalmente, y llegué a la suma de dos millones de dólares por mes. ¡Guau! Nadie tiene tanto dinero junto, pensé. Entonces empecé a pensar cuánto tendría que pagarles a todos los periodistas del país que hacían la crónica de sus reuniones. Le pregunté a la misma mujer si había habido alguna vez algún comentario adverso sobre Kathryn Kuhlman. Me dijo que no, sacudiendo la cabeza.

No me gustaba, pero tenía que admitir que era real. Aun así, no era lo mío. Era para los debiluchos y para los necesitados, y no yo era ninguna de las dos cosas. Volví a Santa Bárbara, y a la pesca, contento de haber visto por última vez a Katrhyn Kuhlman.

Dos años después, sin embargo, durante uno de mis viajes por el mar, pisé un esqueleto de pescado con el pie descalzo. El esqueleto me atravesó casi todo el pie y me dolía como loco. Cuando volví a Santa Bárbara, fui a ver a los doctores Carswell. Harold y su hermano Bowdre eran cirujanos muy afamados, y me mandaron al hospital. Pero estuve allí sólo un día. Cuando no podía beber, me ponía muy nervioso, y toda esa noche la pasé gritando palabrotas y causándoles problemas a las enfermeras. Después de diez llamados del hospital, el doctor Harold finalmente me mandó a casa.

Después de que el médico curó mi pie, le dije que había estado sufriendo de terribles dolores en el estómago. Me dio una receta de píldoras de codeína, creyendo que el dolor podría ser causado por un virus. Compré las veinte píldoras el viernes por la noche, las tomé todas juntas bajándolas con grandes tragos de gin, y volvía presentar la receta en la farmacia el sábado. Cuando volví por tercera vez, el farmacéutico se negó a venderme más píldoras y llamó al doctor Bowdre Carswell por teléfono. Yo me incliné sobre el mostrador y le arrebaté el teléfono de la mano. "Oiga, doctor, dígale que me dé unas píldoras más, y estaré bien."

Era de noche, pero el médico insistió en que fuera a su consultorio para examinarme. Una hora después, yo estaba sentado en la camilla, mientras él terminaba su examen. "Sam," me dijo, "creo que deberías ver a un especialista."

Quise protestar, pero finalmente cedí, e hice una cita para principios de la semana siguiente. El dolor en la parte baja de mi estómago era cada vez más fuerte, pero después de ver al especialista, decidí volver al mar por unos días. Quizá al concentrarme en el trabajo pudiera dejar de pensar en el dolor.

Cuando volví al puerto me sentía espantosamente, y estaba muerto de hambre. Fui directamente a un restaurante, pedí dos cenas completas, y devoré las dos. Luego llamé al especialista. Su enfermera me dijo: "El doctor ha estado tratando de localizarlo durante dos días. Quiere que venga inmediatamente."

Cuando llegué, el médico tenía las radiografías listas para que yo las viera. Me señaló una parte de mis intestinos que parecía como si estuviera atascada con algo. "Tengo un cuarto para ti en el hospital de enfrente", dijo firmemente. "Bueno, pero yo no voy a ir al hospital", gruñí, y me levanté para irme. El médico se dio vuelta y marcó con su lapicera la zona afectada en la radiografía. "Muy bien, Sam, pero déjame recordarte que tu madre murió de cáncer. Todos tus tíos y tías han muerto de cáncer. Vas a terminar en el hospital un día de éstos. Hasta que te decidas a ir, más vale que no comas nada."

"Llegó tarde", le dije. "Acabo de comer dos cenas completas."

"Entonces vas a estar muy mal", me contestó. "La comida no puede atravesar esa zona bloqueada."

Me puse mi chaqueta, lo miré furioso, y salí a la calle, bajo la lluvia. Antes de llegar a la curva, todo lo que había comido me subió a la boca. Me di vuelta y volví al consultorio.

El médico me dijo que enviaría las radiografías a los doctores Carswell y que tendría que mantenerme en contacto con él. Mientras tanto, me dijo, tendría que limitarme a beber líquidos claros. "No bebas nada que no sea transparente", me dijo.

El líquido más claro que se me ocurría era el gin, así que eso fue lo que bebí. Y salí a pescar. Cargué el bote de hielo y salí al mar. Esa noche hice escala en Port Hueneme, costa abajo. Fui a un teléfono público en el puerto y llamé al doctor Harold Carswell. Él había visto las radiografías. "Sam, quiero que te internes "Pero, doc, no estoy en Santa Bárbara. Estoy al sur."

"Deja el bote ahí", me dijo el médico. "No tomes un autobús. Toma un taxi. No me importa lo lejos que estés; toma un taxi y ven aquí ya mismo. Tenemos que operarte."

"Tengo un barco lleno de hielo y una tripulación que está esperando poder compartir lo que consigamos. Además, se supone que tengo que llevar a unos buzos a aguas profundas este fin de semana. La operación tendrá que esperar", dije, y corté.

Pero al día siguiente el dolor era realmente muy fuerte. Cuando estábamos a aproximadamente quince millas de la costa, pescando bacalao y lenguado, tomé el radio teléfono del barco y llamé al hermano de Harold, el doctor Bowdre Carswell.

"Sam, ¿qué es ese ruido que oigo en el fondo?", preguntó el médico.

"Es el humo del motor del barco", le dije.

"¡Saca esa red del agua y ven aquí inmediatamente!", me ordenó.

"No puedo, doc. Les dije a mis compañeros que pescaríamos durante una semana."

"Esa obstinación irlandesa te va a matar", se lamentó el doctor Carswell. "Si tu madre hubiera ido al hospital cuando nosotros le dijimos que lo hiciera, podríamos haber salvado su vida. Ahora tú estás haciendo lo mismo."

Ya entonces yo sabía que algo andaba verdaderamente muy mal. Seguí pescando, pero al día siguiente llevé el barco a la costa. Conseguí alguien que lo cuidara cuando llegamos a Santa Bárbara, y llamé al hospital para reservar el cuarto.

"Entendemos que es usted soltero. ¿Es así, señor Douds?", me preguntó la empleada de la administración.

"¿Qué es esto?", gruñí. "Pido un cuarto en el hospital y usted empieza a hacer preguntas sobre mi vida privada."

"Señor Douds," contestó ella rápidamente, "la operación que se le realizará tiene un alto índice de mortalidad. Es extremadamente difícil reclamar un cobro sobre el patrimonio de una persona soltera, así que tendrá que abonar por adelantado para que demos curso a su internación."

Yo ya me había vuelto loco. "¿Por qué tengo que darle dinero por adelantado? Yo no cobro por adelantado el pescado. Primero tengo que pescarlo."

"Señor Douds," me dijo ella, con voz cortante, "usted ya estuvo aquí una vez, y fue una experiencia muy desagradable para todos. ¿Por qué no va a otro hospital?"

"Lo que usted no quiere es que se le muera la gente en el hospital", grité por el teléfono. "¿No es eso?"

Pero ella venció. Finalmente saqué dinero de la cuenta del banco y pagué para que me dejaran entrar al hospital.

Sobreviví a la operación, pero fue como si todo el infierno se desatara en mi interior. La pasé realmente muy mal. No entendía cómo alguien podía estar tan enfermo y seguir vivo. Sabiendo que estaba a punto de irme para el otro lado, la segunda noche comencé a orar. "Escucha. ¡Necesito ayuda ya mismo, Dios! ¿Me oyes?"

Después de un rato, empecé a darme cuenta de que no podía gritarle a Dios, mucho menos pretender ordenarle que hiciera algo. Tenía que intentar otra cosa. Hablé con el sacerdote que era capellán del hospital. Necesitaba toda la ayuda posible, y él parecía ser mi mejor oportunidad.

La tercera noche tuve una visión. No soy de la clase de gente que tiene visiones, pero ésta fue tan real que casi podía tocarla.

Vi una casa de estilo rústico. Podía ver por dentro hasta el fondo. Jesús estaba sentado a mi derecha, y José en otra silla.

María estaba de pie junto a Jesús. Estaban casi al alcance de mi mano. Mientras continuaba la visión, comencé a orar con todas mis fuerzas. Yo no sabía mucho sobre cómo pedirle ayuda a Dios en oración, pero me imaginé que tendría que eliminar todas las palabrotas, aunque me quedara sin las tres cuartas partes de mi vocabulario. Realmente estaba tratando de usar un lenguaje puro en mi oración, pero ninguno de los integrantes de la Santa Familia parecía prestarme mucha atención. Parecía como si estuvieran dándome la espalda a propósito. Yo estaba empezando a desesperarme, cuando María se volvió y me miró, pero entonces los otros dos se pusieron de pie y los tres salieron de la casa.

Yo no podía entenderlo. ¿Por qué me habían dado la espalda? Llamé otra vez al capellán. Él vino a mi cuarto, escuchó durante un rato, dijo": "No te preocupes", y se fue.

Había otro sacerdote católico en el hospital, que estaba internado como paciente. Fui a visitarlo en mi silla de ruedas. Él me confirmó que había tenido una visión, pero tampoco tenía ninguna respuesta.

Poco a poco, yo iba logrando sacar algo de información sobre mi estado. Uno de los asistentes dijo que había visto el cesto de la basura de la sala de operaciones después de mi cirugía. Estaba casi todo lleno de intestinos. Pero los doctores mantenían la boca cerrada. Casi tenía que obligarlos para que me dijeran algo.

Bowdre Carswell venía a verme casi todos los días. Cada vez que le preguntaba, me decía que todavía no había visto el informe del patólogo. Finalmente le dije: "Estoy harto de que me conteste eso. Si no tuviera ese informe, ya habría ido a buscar a otro patólogo. Además, sé que ustedes tenían el informe antes de que me cosieran la herida. Quiero esta información para mañana por la mañana, y quiero que me la dé en palabras que pueda entender." A la mañana siguiente, cuando entró, le pregunté: "¿Qué dice el informe?"

Él me respondió: "¿Cómo te sientes?"

Alcé el puño y empecé a gritar obscenidades.

"Salga de este cuarto y no vuelva hasta que tenga el informe."

"Todavía no lo leí."

Entonces exploté. Mis entrañas ardían como si estuvieran incendiándose, pero yo estaba dispuesto a saltar de la cama y destrozar todo el hospital si no me daban alguna información. Y se lo dije.

El médico salió y volvió a los pocos minutos con un anotador. "El informe patológico sobre los tejidos revela una masa de grado tres, clase C, próxima al intestino ciego, con metástasis a los nódulos linfáticos."

"Doc, usted sabe que yo no entiendo esas cosas. ¿Qué quiere decir?"

Él comenzó a retirarse hacia la puerta. Yo sabía que lo estaba obligando a decir algo que no quería decir.

"Éscuche, doc, sólo dígame cuánto tiempo voy a vivir."

El abrió la puerta. "Seis años... pero no tengas en cuenta los último cuatro." Allí, a punto de salir, me dijo que habían encontrado un cáncer y me habían quitado la mayor parte de mi intestino grueso.

Pero yo estaba lleno de tumores, y el cáncer se había extendido a otros tejidos de mi cuerpo, donde era inoperable. Podrían darme el alta, pero en poco tiempo ya no podría continuar viviendo una vida normal. El médico me aconsejó que comenzara a poner en orden todas mis cosas.

Estuve internado en el hospital durante diecinueve días. Después de que me dieron el alta, pasé mucho tiempo en mi bote, durmiendo. Dos semanas después, durante una visita de rutina al consultorio, hablé con el doctor Bowdre Carswell.

"La gente me dice que tengo que tomar tal té especial o comer estas hierbas porque su tío o su tía se curaron así. Pero a mí no me importa vivir o morir. Sufro tanto dolor que ya no vale la pena vivir. Pero no soporto estos altibajos. Quiero saber."

Él sacó su libro y me mostró en colores cómo eran mis tumores. Me dijo que el 85% de los tumores que me habían quitado eran malignos, de crecimiento rápido. Pero quedaban cientos de tumores en mi cuerpo. Quizá me quedara un año de vida.

"Hey, espere un poco", le dije. "En el hospital, usted me dijo dos años."

Él se quitó los lentes y me miró directamente a la cara. "Sam, en el hospital, no estabas en condiciones de escuchar nada. Tú nos obligaste a que te dijéramos lo que te dijimos. Pero la verdad es ésta: todo terminará en un año."

Cuando salí del hospital, los médicos me habían indicado una dieta. No podía comer arroz, ni papas, ni arvejas, ni porotos, ni comidas fritas. ¡Y yo que había pensado que podía beber más y ganarle cualquier pelea a cualquiera en toda la costa del Pacífico desde Vancouver hasta San Diego! Nunca nadie me había derribado ni me había hecho caer en una pelea. Pero ahora, lo único que podía comer, era gelatina.

Pero podía seguir bebiendo. Los médicos me advirtieron que no bebiera ni fumara demasiado, pero yo les dije que el cáncer me mataría antes que el alcohol, así que nunca llegué a dejar por completo la bebida. Bebía bastante todos los días, y más todavía los fines de semana. Pero todo lo que no fuera bebida alcohólica o gelatina me caía como si fuera una tonelada de ladrillos. Una vez bebí una botella de cerveza, y me llevó un día y medio recuperarme. Al otro día comí una cucharada de arroz, y también me llevó un día y medio recuperarme de eso. Entonces probé con unas arvejas. Eso fue como un huracán. Yo era un testarudo, pero odiaba las dietas, odiaba la gente que hacía dieta, y me odiaba a mí mismo. Odiaba muchas cosas.

Mientras tanto, seguía buscando a alguien que pudiera interpretar la visión que había tenido. Había visitado a cinco sacerdotes e incluso había intentado con un par de ministros protestantes. Tenía que conseguir una respuesta, y como lo más grande que había visto en cuanto a religión era Kathryn Kuhlman, decidí volver a verla.

Fui al negocio de Marian McKenzie. Yo había adelgazado varios kilos, y parecía un espantapájaros. Estaba blanco como una sábana. Marian me miró y me saludó como siempre: "Te ves terrible, Sam. ¿Qué pasa?"

Le dije que tenía cáncer, que acababa de salir del hospital, y que quería ir a una reunión de Kathryn Kuhlman.

"Oh, quieres ir para ser sanado del cáncer", me dijo ella.

Entonces me puse realmente como loco (aunque parecía que siempre estaba así), y empecé a decir obscenidades. "No quiero que me cure el cáncer. Además, no quiero escuchar que nadie más está orando para que me sane. Yo me puedo cuidar solo. Sólo quiero averiguar algo."

Marian no me preguntó nada más; simplemente me consiguió un boleto en el autobús. Mientras iba en ese autobús hacia Los Ángeles, vi a una persona que estaba del otro lado del pasillo, orando. Fui hasta allí, lo sacudí por los hombros y le grité: "Si está orando por mí, ya basta. Yo me voy a ocupar de mí mismo." No quería ser sanado de cáncer si eso significaba que tendría que seguir viviendo como hasta ahora. Estaba harto de la clase de vida que llevaba, terriblemente cansado de las peleas, la bebida y el odio. De todos modos, el cáncer era sólo una de las cosas que andaban mal en mi vida. Los tendones destrozados de mis brazos y piernas me producían un dolor constante. Tenía una franja ancha como la palma de mi mano, de lado a lado de la cabeza, que me dolía constantemente.

Lo que yo realmente necesitaba, y quería, era alguna clase de sanidad espiritual. Quería una respuesta a mi visión. Sabía que me quedaba menos de un año de vida, y estaba desesperado por arreglar mis cosas con Dios.

Pero en esa reunión no sucedió nada. Volví a Santa Bárbara desanimado, pero seguía decidido a encontrar la respuesta a esa extraña visión. Un día leí en La Biblia, en el libro de 1 Pedro: "Porque los ojos del Señor están sobre los justos, y sus oídos atentos a sus oraciones; pero el rostro del Señor está contra aquellos que hacen el mal".

Esa era la respuesta, la razón por la que Jesús no quería mirarme. Él había puesto su rostro contra mí porque yo estaba haciendo el mal. ¿Por qué no me habían dicho eso los sacerdotes y los otros ministros? Yo sabía que era malo, pero, ¿cómo podría dejar de hacer el mal? ¿Cómo podría quitar de mí todo el odio, la maldad, la podredumbre?

Cada dos años o algo así, yo iba a confesarme y trataba de poner las cosas en orden con la iglesia. Pero la última vez que fui, me había sentado en ese pequeño confesionario y le había dicho al sacerdote: "Padre, he estado con cuatro mujeres distintas esta semana".

"¿Cuatro?", había gritado él. "¡Increíble!"

No había vuelto a confesarme desde entonces. Ahora tenía la respuesta a mi visión, pero estaba tan mal como antes. Todo parecía un callejón sin salida.

Tres meses después, un viernes por la tarde, Marion me llamó y me dijo que Maude Howard tenía un asiento libre en el autobús que iría al auditorio Shrine ese domingo, y quería que yo fuera.

"No", dije. "No iré. He estado atormentándome desde que fui la última vez. ¿Qué habría pasado si hubiera sido sanado de cáncer y tuviera que seguir viviendo y llegar a viejo con toda la basura que tengo adentro? No voy a arriesgarme de nuevo yendo allá."

"Quizá consigas todo junto", dijo suavemente Marian.

"¿Yo? No. Nunca he tenido suerte. ¿Por qué haría Dios algo por mí? Él ya me dio la espalda."

Pero Maude Howard se negó a que yo rechazara su propuesta, y mantuvo el asiento reservado para mí. Al día siguiente me invadió una extraña sensación que me impulsaba a ir. Nadie en el mundo podría haberme convencido de ir, y nadie lo intentó siquiera. Pero de repente comenzó a gustarme la idea y supe que tendría que ir en ese autobús.

Algo misterioso estaba ocurriendo en mi interior. Yo siempre había sido enemigo del amor. "No uses esa palabra", discutía. "No significa lo mismo para todos. Para uno significa sexo; para otro, admiración. Nadie ama realmente a nadie. Yo no quiero que nadie me ame, y no estoy dispuesto a amar a nadie."

Pero ese domingo por la mañana, cuando estacionaba mi auto, vi a Maude Howard y a Nesta Bonato junto al autobús, con la lista de pasajeros en la mano.

Mientras las miraba, una columna de amor literalmente me tragó. Yo nunca había sentido amor por nadie antes. Cuando subí al ómibus, sentí ese mismo amor fluyendo desde la gente hacia mí, y desde mí mismo hacia la gente. Tenía ganas de llorar. Los tipos como yo no lloran, pero quería hacerlo. ¡Era tan fuerte ese amor!

Cuando llegamos a Los Ángeles, el autobús estacionó en el espacio reservado en el auditorio Shrine. Entonces lo sentí otra vez: un gran amor que se derramaba de mi ser hacia toda esa gente que esperaba ante la puerta del auditorio. Era difícil de aceptar.

Me quedé parado frente al auditorio, junto a la pequeña Nesta. Yo sabía que era una chiquilla religiosa, y claro, enseguida comenzó a predicarme. Yo tenía que inclinarme para escucharla. Pero a pesar de que me estaba tirando toda esa basura de religión, sentí que todo ese tiempo, mientras la escuchaba, la estaba amando.

Desde el accidente, no podía inclinarme sin sentir un dolor espantoso. Yo sabía que pronto empezaría a dolerme, y comencé a decirle a esta mujercita que nos fuéramos moviendo. Entonces me di cuenta de algo: la espalda ya no me dolía. Y cuando me enderecé, tampoco me dolió.

Entramos al auditorio, y encontré un asiento en la planta baja. Una vez más sentí ese amor que surgía en mí por toda esa gente.

Comenzó el culto, y más o menos por la mitad, Kathryn Kuhlman señaló hacia donde yo estaba y dijo: "Hay alguien sanado de cáncer allí."

En el momento en que lo dijo, sentí un cálido cosquilleo en todo el cuerpo. Era exactamente como lo que había sentido al subir al autobús, con todo ese amor derramándose desde mi interior. Pero yo estaba decidido a no ser sanado de cáncer. Yo había venido por una sanidad espiritual.

Momentos después, Kathryn Kuhlman lo dijo nuevamente, un poco impaciente. "Póngase de pie, señor, y acepte su sanidad."

El pasillo estaba lleno de gente que quería subir a la rampa. Entonces vi a una mujer que recorría el pasillo buscando gente que había sanado, y ahora venía directo hacia mí. La vi y pensé que era fea como el pecado... pero al mismo tiempo era la más hermosa que yo había visto en mi vida. Venía apartando la gente a su paso como un rompehielos, dirigiéndose directamente hacia mí. Yo estaba sentado junto al pasillo, y no tenía forma de escapar.

Más o menos en ese momento, sentí una punzada caliente en el cuerpo. Antes de que pudiera darme cuenta de lo que pasaba, la mujer estaba junto a mí. Tenía una mirada bondadosa, una sensación de estar dándome una bienvenida tan grande que sentí que podía dejarme caer en ella. Cuando me tomó la mano, salí flotando del asiento.

"Eso fue para usted, señor, ¿no es así?", me dijo dulcemente.

Yo no podía hablar. Sólo asentí con la cabeza y la seguí como un perrito. Apenas llegué a la plataforma, con toda esa gente (algunos empujándose para hacer lugar), sentí el viejo y la ira de antes tratando de surgir otra vez en mí. Quería empezar a los codazos con todo el mundo y gritar obscenidades. Entonces levanté la vista. Kathryn Kuhlman estaba extendiendo su brazo por sobre la gente hacia mí, y tocaba mi frente con la punta de los dedos. Me preguntó cuál era mi problema. Comencé a decir algo, y caí de espaldas al piso.

No tengo idea de cuánto tiempo estuve así, pero cuando me levanté, estaba sanado. Estaba seguro de eso. Siempre había dudado de aquellos que pasaban al frente y testificaban que su cáncer había desaparecido. Pero ahora entendía lo que querían decir. Sabía, sin la menor sombra de duda, que había sido sanado... y era maravilloso.

Cuando unos ujieres trataron de hacer que saliera de la plataforma y tomara el pasillo lateral, me resistí. Yo había venido por el pasillo central, y quería volver por ese mismo pasillo. Sentí nuevamente ese odio bullendo en mi interior. Cuando me disponía a golpear a unos cuantos sobre la plataforma, escuché otra vez la voz de Kathryn Kuhlman. Estaba señalándome. "Esperen un minuto. Quiero verlo otra vez."

Ella me hizo una seña de que me acercara al micrófono. "¿Esperaba ser sanado hoy?"

Recuerdo que dije: "Gracias, gracias..." mientras caía otra vez al piso.

Yo aún estaba relativamente delgado entonces, menos de cien kilos, pero tuvieron que levantarme entre tres hombres. La señorita Kuhlman dijo: "Ahora vuelva y vaya a ver a su médico. Usted está perfectamente bien."

Bueno, no estaba perfectamente bien. Cuando comencé a bajar de la plataforma, el pie con el que había pisado el esqueleto del pescado comenzó a dolerme más que nunca. Era extraño, porque los grandes dolores habían desaparecido: el cáncer, las piernas y los brazos, los dolores de cabeza. También mi alcoholismo había sido sanado, yo lo sabía. Pero ahora me dolía el pie. Entonces, como si alguien me estuviera susurrando al oído, escuché una voz que me decía: "Sabes, Jesús tuvo un enorme clavo que le atravesaba esa parte del pie."

Mientras volvía a mi asiento, iba asintiendo con la cabeza. Es cierto. Así fue. Quizá esta era la crucifixión del viejo hombre degenerado, el que no podía dejar de hacer el mal. Quizá así es como se acaban el odio y la fealdad. Hay que crucificarlos. Y quizá surja otra vez, para ser un hombre nuevo, nacido de nuevo, para empezar de cero, limpio.

Al volver, la gente alababa a Dios en el autobús y decía qué maravilloso era que yo hubiera sido sanado. Yo estaba sentado ahí, pensando para mis adentros: "¿Qué clase de estúpido es este Dios?" Entonces comprendí que no podía decirle "estúpido" a Dios. Miré a mi alrededor, a todas esas buenas personas sentadas en el autobús, que siempre habían amado a Dios y le habían servido. Realmente parecía algo sin sentido que me hubiera sanado a mí.

Un hombre vino y me preguntó cómo me sentía. Le dije: "Bueno, creo que es una estupidez que Dios sane a un mal tipo como yo."

Él me miró directamente a los ojos. "Sam, ¿no te das cuenta de que Dios no se equivoca nunca?" Eso realmente me llegó.

Cuando llegamos a Santa Bárbara, Maude Howard me invitó a ir a comer el grupo. Acepté. Lo primero que nos sirvieron fue un gran guiso de porotos y chile. El chile me habría matado, y los porotos también, así que los pasé a otra persona. El próximo plato era ensalada de papas. Las papas, el apio, y la mayonesa decididamente no estaban incluidos en mi dieta, así que también se lo pasé a quien tenía al lado. Seguí pasándole comida hasta que alguien me dijo: "Sam, no seas tan amable. Sírvete un poco."

"No puedo comer nada de esto", dije. Entonces alguien replicó: "¿No entiendes que Dios te sanó? Él no hace las cosas por la mitad. Puedes comer todo lo que quieras ahora."

"Pero me sacaron el intestino..." Me detuve en medio de la frase. Sí, pensé, seguramente él no hace las cosas por la mitad. Así que dije: "Pásenme la comida de nuevo."

Me llené el plato, cuatro veces, con todas esas comidas completamente indigestas para mí, y las tragué. En la mesa había gelatina, pero ni siquiera la probé.

Cuando volví a Santa Bárbara, supe que uno de los hombres de mi tripulación en el Seahawk había desertado. Lo tomé como una señal de parte de Dios indicándome que debía cancelar toda la operación hasta que arreglara mi barco. Quería que estuviera como mi vida, tan limpia que no me avergonzara que Cristo subiera a él.

Tres días después, fui al centro de la ciudad y me encontré con Marian.

"¿Fuiste a ver a tu médico?", me preguntó.

"No, y no pienso ir. No voy a contarle al médico una historia como ésta. No creo que sea la clase de cosas que le gusta oír a los médicos."

"Bueno", dijo ella, dulcemente. "Kathryn Kuhlman fue el instrumento que Dios usó para tu sanidad, y ella te dijo que fueras a ver al médico. Yo creo que deberías ir." Lo pensé un poco y finalmente llamé al doctor Bowdre Carswell. Él me dijo que fuera a su consultorio.

"¿Qué tendría que hacer usted para comprobar si aún tengo cáncer?", le pregunté.

Él me miró de forma extraña y me dijo: "Tendríamos que abrirte otra vez."

"Eso no," dije, "pero..." Y ahí me detuve. No sabía cómo abordar el tema. Entonces pensé: "Bueno, al diablo con todo esto", y le conté todo.

Él se quedó sentado, escuchando. Tenía mi historia clínica en la mano, y cuando terminé de contarle, comenzó a pasar las hojas, como si estuviera buscando la mejor forma de contestarme.

"Bien, Sam," dijo, haciendo una pausa para aclararse la garganta, "cuando entraste aquí, me di cuenta de que algo te había pasado. Tienes mejor aspecto que en los últimos diez años. Mi consejo es: No lo examines. Vívelo." Hizo una pausa, y levantó nuevamente la vista. "Y te lo digo porque creo que ya no tienes cáncer. Creo que Dios te sanó."

Los doctores Carswell no eran muy conocidos por su fervor religioso, así que estas palabras realmente me sorprendieron. "¿Cómo sabe que fui sanado?", le pregunté.

"Lo veo en tus gestos, en el color de tu cara, en tu mirada. Además," continuó, "ya es la tercera vez que me pasa esto desde que estoy en Santa Bárbara. Creo que Dios está tratando de decirme algo a mí también."

Durante las semanas siguientes pasé mucho tiempo leyendo La Biblia. No sólo mi cuerpo había sido sanado, sino el hombre interior también. Era como si hubiera nacido de nuevo, y empezara de cero. Ya no hablaba de la misma manera. No bebía. No había más necesidad de buscar amor con actos inmorales; sentía el amor fluyendo a mi alrededor.

Entonces, una noche, cuando estaba recostado en mi litera en el Seahawk, leí la historia de cómo Jesús llamó a sus discípulos. Estaba caminando junto al Mar de Galilea, y vio a dos pescadores, Andrés y Pedro. "Síganme," les dijo, "y los haré pescadores de hombres." Y ellos dejaron de inmediato sus redes y lo siguieron.

Era como si él me estuviera llamando a mí también. Ya no estaba dándome la espalda. Estaba mirándome. "Yo también te seguiré, Señor", le dije.

Tres días después, yo estaba sentado frente al sacerdote católico, contándole mi historia. Una leve sonrisa se dibujó en su cara. Me di cuenta de que me entendía. "Hay un orfanato para indígenas en Nueva Méjico que necesita un carpintero", me dijo.

Yo solía hacer trabajos de carpintería. Sabía que esto era un llamado de Dios. Vendí mi barco... a un precio menor de su real valor. Vendí mi casa. Y salí hacia el desierto de Nueva Méjico para trabajar en el orfanato.

Cuando terminé, me enteré de que un grupo de monjes benedictinos del convento de St. Charles, en Oceanside, California, necesitaba ayuda para construir una nueva panadería. Ya estaban produciendo mil piezas de pan por semana, y con la panadería nueva podrían producir más. Me mudé al convento, y el 2 de febrero de 1973, fui admitido en la Orden de San Benedicto. Ahora soy el Hermano Samuel.

Una vez por mes, los domingos, voy a Los Ángeles y colaboro como ujier en las reuniones de Kathryn Kuhlman. La última vez que fui, un hombre me llamó por mi nombre. Me di vuelta y miré. Era el doctor Harold Carswell, con su esposa. Por el brillo de sus ojos me di cuenta de que algo le había pasado a él también.

Nuestro convento está ubicado en la cima de una montaña apartada que mira al océano. El único acceso es un camino de tierra, empinado y lleno de curvas. El sol se levanta en el este, sobre la Misión de San Luis Rey, y se pone al oeste, en el océano Pacífico. Todos los días tienen una disciplina fija. Me levanto a las cinco de la mañana para asistir al culto matinal con los monjes. Paso todo el día trabajando duro con mis manos y después de una tranquila cena asisto al culto de la noche. Después voy a dormir como un bebé.

Antes de que mi vida fuera tocada por el Espíritu Santo, nadie podría haberme pagado lo suficiente como para que trabajara tanto como lo hago ahora. Sólo que ahora lo hago gratuitamente, por gratitud, y amor... el amor de Jesús.

Capítulo 5

Mucho por hacer

Sara Hopkins

Sara Hopkins, ex estrella de Hollywood, es más conocida como co-fundadora de International Orphans, Inc. (Huérfanos Internacionales). Vive con sus dos hijos en Tarzana, un suburbio de Los Ángeles.

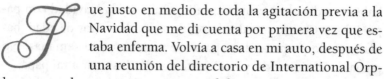

ue justo en medio de toda la agitación previa a la Navidad que me di cuenta por primera vez que estaba enferma. Volvía a casa en mi auto, después de una reunión del directorio de International Orphans, cuando comencé a sentir ese dolor... una tensión insoportable en el pecho, que parecía que me impedía respirar, y punzadas de dolor en ambos brazos. Lo primero que pensé fue que era un infarto. Acababa de leer sobre un hombre que había tenido un infarto justo mientras iba conduciendo su auto por la autopista a Ventura. Su auto se había descontrolado, provocando la muerte de siete personas. Yo no tenía miedo de morir, porque sabía que mi relación con Jesucristo me daba seguridad. Pero no me gustaba la idea de matar a alguna otra persona. Empecé a salir de la carretera. Pero antes de que redujera la velocidad lo suficiente como para salir de la carretera, el dolor pasó, y me sentí segura de poder llegar a mi hogar en Tarzana.

Estacioné el auto frente a mi casa y extendí la mano hacia la puerta para abrirla. Entonces el dolor me atacó nuevamente. Esta vez parecía ser directamente debajo de mi corazón, extendiéndose por el costado y por mi brazo. Como la otra vez, duró sólo un momento.

Me quedé sentada en el auto, respirando lentamente por unos minutos, y me tragué mis temores sobre un posible infarto. Después de todo, había visitado al médico hacía seis meses, para hacerme un examen de rutina, y no había encontrado ningún problema. Era cierto que no me había hecho un electrocardiograma, pero...

Después de que volvamos de Florida a casa, me prometí, iré a ver al médico para averiguar a qué se debe este dolor.

Mi padre, que era dentista, estaba gravemente enfermo de cáncer, y yo estaba segura de que ésta sería la última Navidad que pasaríamos juntos. La familia de mi cuñada era dueña de una hermosa hostería en una isla en la costa del Golfo de Florida, y habíamos decidido reunirnos allí para pasar la Navidad con papá. John y Chuck, mis dos hijos, de seis y diez años de edad, habían estado preparándose para ese viaje durante semanas. No podía desilusionarlos, y mucho menos desilusionar a mi papá.

Por eso no le mencioné ese dolor a nadie en mi familia, aunque volví a sentirlo varias veces, y con gran intensidad. Pasamos la Navidad en Florida, y luego, en la segunda semana de enero, volvimos a California, como habíamos planeado. Entonces concerté una visita con mi médico, en Burbank.

Unos días después, estaba sentada sobre la camilla en su consultorio, describiéndole mis síntomas. Él se apoyó contra un armario blanco lleno de brillantes instrumentos de acero inoxidable, y escuchó atentamente.

"Bien, Sara", dijo luego, mientras ajustaba su estetoscopio, "sé que no eres de las que se quejan todo el tiempo. En realidad, trabajas tanto con ese grupo de huérfanos, que tengo que obligarte para que vengas a hacerte un chequeo de rutina. Supongo que será mejor que te hagamos un examen completo."

Mi médico es un profesional muy metódico. Siempre me sentí muy segura con él. Pero esta vez, al examinarme, aunque sus reacciones eran tan medidas como siempre, tuve una extraña sensación, una especie de sexto sentido, que me indicaba que las cosas no andaban bien. Me examinó cuidadosamente, preguntó mil pequeños detalles tontos, asintió, gruñó, y tomó algunas notas en su cuaderno para mi historia clínica. No parecía alarmado, pero algo en mi interior me decía que había algo que andaba mal... muy mal.

Luego del examen, me dijo: "No encuentro ninguna señal externa, Sara. Ningún problema en el corazón, ningún bulto. Pero creo que sería buena idea que vayas al Hospital St. Joseph's en Burbank para hacerte unas radiografías. Si hay algún problema, allí lo sabrán."

"Quizá el dolor se deba a la tensión", sugerí.

"El noventa por ciento de los dolores que sufre la gente en Hollywood se deben a la tensión. Eso no le quita importancia, pero, Sara, tú no eres de las que se tensionan fácilmente. Por eso creo que sería mejor hacer otros análisis para ver qué es lo que causa ese dolor."

Acepté ir al hospital esa tarde, para hacerme unas radiografías. Mientras estaba allí, también me hicieron un mielograma y un electrocardiograma. Al día siguiente volví a ver a mi médico para conocer los resultados.

"La radiografía muestra una sombra en tu pecho", me dijo, mientras yo me sentaba frente a su escritorio. "Probablemente no sea nada serio, pero necesitamos operarte para averiguarlo." Por su tono de voz, no parecía muy urgente.

"Bien, pues la operación tendrá que esperar", dije, poniéndome de pie. "No puedo restarle tiempo a mi programa de trabajo para una operación en este momento."

International Orphans, Inc., estaba consumiendo gran parte de mi tiempo. El año anterior habíamos auspiciado un espectáculo para reunir fondos, en el Hotel Century Plaza, con el que habían colaborado la mayor parte de las estrellas de Hollywood. Bob Hope, Roy Rogers y Dale Evans, Martha Raye, Nancy Sinatra, Edgar Bergen (y por supuesto, también Charlie McCarthy) y otros conocidos artistas habían recibido premios por su participación en esa obra. Ahora estábamos planeando algo aún más grande, y todo mi tiempo se iba en la preparación de este nuevo evento. Lo más importante, sin embargo, era que mis dos hijos me necesitaban, y había temas económicos que demandaban toda mi atención.

Pero mi médico debe de haber sabido lo que yo estaba pensando. Extendió su mano y me tocó la espalda para llamarme. "Tómatelo con calma, Miss Actividad", me dijo sonriendo. "No creo que sea nada serio; quizá sea sólo un punto que podemos sacar fácilmente. Pero si no lo atendemos ahora, después podría ser demasiado tarde."

De repente, me di cuenta de que él había estado escondiéndome la verdadera situación. Pero yo quería que siguiera haciéndolo. Realmente no quería saber la verdad, no en ese momento. Hollywood es un lugar bastante mundano, y los cristianos son minoría allí. Pero yo era miembro activa de la Iglesia Presbiteriana de Hollywood; hasta era maestra de la escuela dominical. Durante años, había alardeado de mi fe cristiana. Creía en la sanidad, en los milagros, en el poder sobrenatural de un Dios sobrenatural. Pero ahora, que debía enfrentarme al espectro de la enfermedad en mi propio cuerpo, quería arrastrarme y taparme con la alfombra. Hasta ese momento no me había dado cuenta de que todo mi condicionamiento había sido fatalista: la enfermedad provoca muerte. Era difícil recordar la verdad de que Dios puede sanar.

El médico seguía hablando. "Vamos a hacer que otros cuatro médicos trabajen en tu caso. Recibirás el mejor tratamiento médico que se puede conseguir en este mundo. Pero no debemos esperar. Quisiera que te internaras mañana mismo."

Sentí como si estuviera colgando de un carrito en una montaña rusa, aferrándome a mi vida, girando sin cesar. Asentí con la cabeza. "Lo que diga, doctor. Sólo déjeme que vaya a casa y prepare mi bolso y arregle un poco el tema de mis hijos."

Unos días después, al despertar a través de la bruma de la anestesia, vi a Don e Yvonne Fedderson junto a mi cama. Yvonne y yo habíamos fundado Orphans International, Inc., mucho antes de que ella se casara. Su esposo es uno de los mejores productores de Hollywood, responsable de programas como *Mis tres hijos* y *El show de Lawrence Welk*.

"Hola", susurró Yvonne, mientras yo parpadeaba tratando de lograr plena conciencia. Sentí la mano de Don sobre la mía, sus dedos cálidos dándome confianza. "Vas a estar muy bien", me dijo, con voz segura.

"Tengo cáncer, ¿no es así?", pregunté, mirando a Yvonne a la cara. "Acabo de soñarlo... mientras me despertaba."

Yvonne asintió. Ella y Don trataban con todas sus fuerzas de mostrarse alegres, pero grandes lágrimas corrían por su cara. Era imposible que ella me escondiera algo. "Pero... estarás bien", me dijo, con una sonrisa tranquilizadora.

"Tendré que ir a ver a Kathryn Kuhlman", dije.

"¿Quién es?", preguntó Don.

Mi mente volvió a aquel día en el que yo le pregunté eso mismo a un carpintero de ochenta años de edad que estaba haciendo una remodelación en mi casa.

Un día, él me había dicho: "Usted me recuerda a Kathryn Kuhlman".

"¿Quién es Kathryn Kuhlman?", había preguntado yo.

Él, tomando un puñado de clavos de un bolsillo de su guardapolvo, contestó: "Me llevaría cien años contestar a esa pregunta." Y se inclinó para martillear sobre una madera. "Tendrá que ir a verla. De otra forma, cualquier cosa que yo le diga le parecerá ridícula." Luego, haciendo una pausa, levantó la mirada. "Sabe, ella va a venir a la ciudad la semana próxima. Mi iglesia consiguió un autobús para llevarnos. ¿Por qué no viene conmigo?"

Y allí fuimos, este carpintero de ochenta años y yo. El culto me impactó profundamente; pasé todo el tiempo llorando. Fue la experiencia espiritual más profunda de mi vida. Seguramente, pensé, así serían las cosas en la iglesia del Nuevo Testamento.

Aunque mi programa de actividades y las tareas de mi iglesia no me permitieron volver a asistir a otro culto en el auditorio Shrine, nunca dudé de que Dios estaba obrando a través del ministerio de Kathryn Kuhlman. Si hubiera sabido que tenía cáncer antes de internarme, habría ido primero al culto de milagros...

"¿Quién es Kathryn Kuhlman?", volvió a preguntar Don, interrumpiendo mis pensamientos.

Recordé la respuesta que me había dado ese carpintero de ochenta años, y sonreí. "Me llevaría cien años contestar a esa pregunta. Tendrás que ir conmigo a verla. De otra forma, cualquier cosa que yo te diga te parecerá ridícula."

Sentí la mano fresca de Yvonne sobre mi frente. "Sólo quédate aquí, tranquila, y mejórate", me dijo. "Don se quedará aquí, pero yo tengo que volver a trabajar con nuestros huérfanos."

"Está bien", dije, sintiendo que volvía a tener sueño. "Me pondré mejor. Tengo muchas cosas que hacer antes de morir."

Yo nunca había imaginado que algo podría consumir tanto mi vida como esa obra por los huérfanos. En 1959 Yvonne y yo éramos un par de jovencitas, que trabajábamos con la Organización de Servicio Unido en Japón, y nos divertíamos muchísimo haciéndolo. Los fervorosos aplausos que nuestro número cómico arrancaba a las fuerzas americanas, aún en zonas remotas, era la mayor recompensa que cualquier estrella podría soñar.

Al volver a Tokio, habíamos sobrevivido al tercer tifón más fuerte del invierno. Después que se calmó el viento, salimos a las calles a ver cómo estaba todo. Antes de haber caminado mucho, encontramos un grupo de niñitos, azules de frío, descalzos, con sus manecitas lastimadas y rostros marcados por el hambre. Había once niñitos; el mayor tendría no más de diez años, y el menor, no más de dos. Todos lloraban y repetían unas palabras en japonés, una y otra vez. Con la ayuda de nuestros diccionarios de bolsillo, finalmente entendimos lo que los hacía llorar: "Ni mamá, ni papá."

Eso nos decidió. Los hicimos pasar de contrabando a nuestro cuarto en el hotel, los bañamos con agua caliente, y pedimos mucho arroz. Después llamamos al oficial del ejército que se encargaba de nosotras, y le preguntamos qué podríamos hacer.

"¡Llamen a la policía!", gritó él. La policía vino, se encogió de hombros, y se fue.

Reunimos unas cuantas mantas del ejército y acostamos a los niños. A la semana siguiente salimos en un coche del ejército con una lista de orfanatos.

Ninguno de ellos aceptó a los niños. "No tenemos lugar", nos explicaban. Cuando ya casi anochecía, el conductor, que sabía un poco de inglés, nos dijo porqué. "Ojos azules, piel blanca." Esos niños probablemente habían sido desechados por los mismos orfanatos a los que queríamos llevarlos.

Indignadas y furiosas, Yvonne y yo nos llevamos a los niños de vuelta al hotel, pedimos más arroz, y entramos como un huracán en la oficina del oficial.

"Extienda nuestra gira", le exigimos. "No podemos irnos ahora. Estos niños son nuestros."

Alguien nos dio el nombre del director japonés-americano de Misiones Generales de Tokio. Por su intermedio pudimos ponernos en contacto con la señora Kin Horiuchi, en un remoto rincón de la ciudad. Ella había reunido a veintiún descastados en una casucha de un solo ambiente, sin puerta de entrada, sin ventanas, con un hibachi para cocinar la comida y unas pocas mantas viejas para calentarse, y sólo una chaqueta, que los más grandes se turnaban para usar cuando iban a la escuela.

La señora Horiuchi aceptó a los once niños, y le dimos todas las mantas que pudimos conseguir, y el dinero que teníamos, con la promesa de conseguir más. Entonces empezamos a pasar el sombrero, recaudando dólares y centavos de los soldados y el alto mando. Cuando volvimos a nuestro país, otros chiquillos eran echados a la calle, muy cerca de la casucha de la señora Horiuchi, con notas prendidas en sus ropas.

Al volver a Hollywood, Yvonne y yo formamos una entidad llamada International Orphans, Inc., (mejor conocida como IOI), y comenzamos a trabajar. Organizamos filiales en todo el país, y a medida que ingresaba el dinero, comenzamos a construir orfanatos. Pronto tuvimos nueve hogares, una escuela y un hospital.

Muchas personalidades famosas de Hollywood participaron en nuestro proyecto. La prensa nos dio amplia difusión. El mayor

Yorty, de Los Ángeles, el teniente general Lewis Walt, del cuerpo de la Marina, y el Cuerpo de Capellanes de la Marina, apoyaron el programa. Pronto llegó a ser un empleo de tiempo completo para Yvonne y para mí.

Esa era la razón por la que yo tenía que sanarme. Había demasiados niños muertos de hambre, sin hogar, que dependían de mí. Si yo moría, ellos también morirían. Yo creía con todo mi corazón que Dios me había llamado a realizar esta tarea, y que no estaba terminada. Sabía que tenía que quedarme en esta tierra... aunque fuera necesario un milagro para mantenerme con vida.

Los médicos no eran muy optimistas en cuanto a mis posibilidades. Me dijeron que estaría en el hospital durante largo tiempo, y que luego tendría varios meses de tratamiento con cobalto. El tumor maligno que había estado oprimiendo el corazón era el que causaba el dolor, y los médicos sospechaban que el cáncer ya se había extendido a la caja torácica y a las glándulas.

El día después de salir del hospital, llamé a uno de los representantes de Kathryn Kuhlman en Los Ángeles para saber cuándo sería el próximo culto en el auditorio Shrine.

Janice Ford, vicepresidente de International Orphans, Inc., fue conmigo a la reunión. Pero no sabíamos a qué hora empezaba el culto, así que llegamos al auditorio una hora después de que se cerraron las puertas. Miles de personas esperaban afuera, deseando que alguien saliera para poder conseguir un asiento.

Me abrí paso como pude entre la multitud, y golpeé la puerta con los puños. Una mujer abrió.

"Señora, no hay manera de que entre", me dijo. "Todos los asientos están ocupados." Y cerró la puerta, amablemente pero con firmeza.

"No entiendo", dijo Janice. "Parecía perfecto que viniéramos hoy. Médicamente, ni siquiera tendrías que estar caminando. Todavía no te han sacado los puntos de la operación."

Me puse la mano en el costado, sintiendo el hilo de las puntadas en mi piel. "Bueno, pues yo no me iré", le dije. "Creo que tenemos que estar aquí."

Janice y yo comenzamos a caminar rodeando el edificio, tratando de encontrar la manera de entrar. A mitad de camino, hablando con la gente, estaba una de las consejeras que yo había conocido en mi visita anterior al auditorio Shrine. ¿Me recordaría?

"¡Sara! ¡Hola!", gritó ella. "La señorita Kuhlman me mandó a disculparme con toda esta gente. Ya no quedan asientos libres en el auditorio."

"Me confundí. Pensé que el culto comenzaba a la 1:30. ¿Hay alguna forma de que...?" rogué.

Ella se quedó mirándome un minuto antes de contestar.

"Sabes, Sara, siento que tengo que darte mi asiento. Mi esposo está conmigo, así que él puede cederle el asiento a tu amiga."

Tomé a Janice de la mano y entré, agradecida al ver esa gran multitud. En medio de ella podría estar tranquila. Nadie me conocía, podía perderme entre toda esa gente y esperar que Dios me tocara.

Pero apenas habíamos tomado asiento, reconocí a Gloria Owen, sentada junto a mí. Gloria era una vieja amiga que había trabajado con nosotros en International Orphans, Inc. Entonces alguien me tocó el hombro. Miré hacia atrás y vi a la hermana María Ignacia, con su hábito de monja católica. Ella también era una querida amiga. Un hombre que estaba sentado delante de mí se volvió y me sonrió. "Hola, Sara", dijo. Era uno de los actores con los que había trabajado en el show *Ozzie y Harriet*. ¡Estaba rodeada de gente que me conocía!

Repentinamente, todos estuvimos de pie, cantando "Aleluya". Una y otra vez repetimos el coro. Comencé a sentir la misma sensación que había tenido bajo los efectos de la anestesia. Sabía lo que estaba ocurriendo a mi alrededor, pero no participaba.

Cuando nos sentamos, la sensación continuó. Sabía que Kathryn Kuhlman estaba predicando, pero no escuchaba ni una sola palabra de lo que ella decía. Estaba en un vacío.

Entonces la vi... una especie de nube o bruma rosada, que venía por la planta alta hacia donde yo estaba sentada y repentinamente me rodeaba por completo. Yo podía ver fuera de ella, y quería inclinarme y tocar a Janice y preguntarle si ella también la veía, pero temía que la nube desapareciera si yo me movía o hablaba.

Entonces, en medio de la nube, escuché la voz de Kathryn Kuhlman desde la plataforma: "Hay alguien, allá arriba, que ha sido sanado de cáncer."

La escuché claramente, pero temía abrigar falsas esperanzas de que se refiriera a mí. Comencé a orar. "Dios, si es de ti, quiero saberlo. No quiero dudar. No quiero confesar nada de lo que no esté segura. Tengo que saberlo con seguridad."

En ese mismo instante sucedió algo. Era como si hubiera tocado un cable de electricidad. Agujas de fuego atravesaban todo mi cuerpo, como si me estuvieran cargando con miles de voltios. Sentí un calor intenso en el pecho y el abdomen, y comencé a sacudirme tan violentamente que pensé que caería de mi asiento.

La voz de Kathryn Kuhlman repetía: "La joven que ha sido sanada de cáncer en la parte alta del auditorio sabrá que es ella porque sentirá como si miles de agujas le atravesaran el cuerpo."

Eso era. Después supe que todas las personas que estaban a mi alrededor también habían sentido ese poder. Janice, Gloria Owen, mi amigo el actor, la hermana María Ignacia, todos habían sufrido el impacto de la oleada del Espíritu Santo. Pero yo seguía temiendo reclamar algo que quizá no era para mí. La señorita Kuhlman seguía hablando.

"La joven que ha sido sanada de cáncer está sentada en la última fila de la segunda sección de la parte alta. Ponte de pie y reclama tu sanidad."

Miré a mi alrededor. Yo estaba sentada exactamente en ese lugar. Y no había forma en que Kathryn Kuhlman supiera algo de mi situación, a menos que el Señor se lo estuviera revelando. Me puse en pie, y un ujier me acompañó hasta la plataforma, mientras la nube rosada seguía rodeándome.

Traté de contarle a la señorita Kuhlman sobre mi sanidad, pero antes de que pudiera comenzar a hablar, ella me tocó. Las piernas me fallaron, y caí al piso como golpeada por un poder tremendo. Vagamente recuerdo que volví a mi asiento.

Luego del culto, Janice y yo fuimos a casa de los Fedderson. Cuando les conté a Don e Yvonne sobre mi sanidad, se llenaron de gozo, pero sospecho que a los dos les hubiera gustado tener más evidencias que mi relato sobre las agujas que me atravesaban el cuerpo.

Y había más evidencias. Esa noche, al desvestirme, lo descubrí. Temprano, ese día, había notado el escozor que me producían las puntadas sobre la herida de la operación. Pero esa noche, mi piel estaba suave, inusualmente suave, en ese zig zag de casi cuarenta centímetros que cubría la parte delantera y el costado de mi caja torácica. Fui hacia el espejo y apenas pude creer lo que veía. Una piel nueva había crecido por sobre las puntadas, cubriéndolas por completo. Sólo presionando con fuerza podía sentir el hilo bajo la piel.

Estaba convencida. A la mañana siguiente, sin pérdida de tiempo, llamé a Yvonne y le pedí que fuera al consultorio del médico conmigo.

Fuimos las primeras en llegar al consultorio. El médico me examinó y luego me hizo quedar con las enfermeras mientras él salía a hablar con Yvonne. Yo escuchaba su voz por la puerta entreabierta. "Esta amiga suya está tan loca que la piel le crece por encima de la herida que yo cosí. Tendremos que operarla solamente para sacarle los puntos." Parecía estar complacido y confundido al mismo tiempo.

Las enfermeras trataron de quitarme los puntos, pero no pudieron. Finalmente, el doctor tuvo que utilizar un escalpelo para cortar la piel y lo que él llamaba una "aguja de crochet" para sacar los puntos, uno por uno. Dolía, pero yo estaba feliz.

Una semana después, mi padre murió en Tennessee, y la familia se reunió en el funeral. Ninguno de ellos, excepto mi hermano, sabía que yo había sido operada de cáncer, pero todos se dieron cuenta de que algo maravilloso había sucedido en mi vida. Yo también lo sentía. No sólo había sido sanado mi cuerpo (los exámenes posteriores demostraron que todo resto de cáncer había desaparecido), sino que tenía una nueva fuerza, un nuevo gozo, nuevo poder... suficientes para poder superar el dolor en el funeral. Era como si Dios me hubiera convertido en un testimonio del poder de Jesucristo para mantenernos en momentos de angustia.

Ahora, más de un año después, al mirar atrás, doy gracias por haber tenido cáncer. Comprendo que cuando Jesús toca un cuerpo con su mano sanadora, esa mano llega también a las partes más profundas del alma. Ese toque de su mano me hizo reevaluar completamente mi vida, mis prioridades, y determinar qué es lo que importa y qué no.

El ritmo vertiginoso de Hollywood sigue girando a mi alrededor. Mi trabajo en International Orphans, Inc., ha crecido, y mi nivel de energía ha subido en forma asombrosa. Trabajo tres veces más que antes... con la mitad de esfuerzo.

Sé que Dios me ha dado esta victoria con un propósito. Puede ser permitirme que críe a mis dos hijos. Puede ser que ayude a brindar un hogar a cientos de miles de huérfanos en todo el mundo. Puede ser que continúe en esta feria de colores que es Hollywood para testificar del poder salvador y sanador de Jesucristo. Sea cual sea la razón, sé que cada día que vivo es un regalo de Dios, para vivirlo con gozo y en toda su plenitud, para darle a él toda la gloria.

Capítulo 6

Un motivo para gritar de gozo

Evelyn Allen

Evelyn Allen estaba muriendo de miastenia gravis cuando su esposo la llevó al auditorio Shrine, recostada sobre almohadones. Evelyn apenas podía respirar. Aquel domingo, unos pocos minutos después de que yo comenzara a predicar, comenzaron a producirse milagros. Una de las primeras en ser tocadas por el poder de Dios fue Evelyn Allen. Ninguno de nosotros podrá jamás olvidar la forma en que ella se levantó de un salto de su asiento, caminando, saltando y alabando a Dios.

La miastenia gravis es una enfermedad asesina que no puede ser vencida por ningún tratamiento. Ataca el sistema nervioso de la misma forma que un maníaco destroza una cabina telefónica con un hacha. Todo entra en cortocircuito.

Durante los años en que mi esposo Lee trabajaba en la Marina, una y otra vez yo tenía temporadas en las que me atacaban constantemente mareos, desmayos y una sensación de debilidad en general. No creí que fuera nada grave. Luego Lee se jubiló y aceptó un puesto de gran responsabilidad en la empresa United Airlines, trabajando en el aeropuerto internacional de San Francisco. Compramos una pequeña casa al otro lado de la bahía, en San Lorenzo. Yo tenía la esperanza de que esta etapa marcara el final de mi enfermedad.

Pero por el contrario, todo empeoró. Parecía que todos los órganos de mi cuerpo funcionaban mal. Me internaba en el Hospital Naval de Oakland varias veces por semana, mientras los médicos buscaban el origen de estos desórdenes. Me realizaron tres operaciones, ninguna de las cuales obtuvo resultados visibles.

Un domingo por la tarde, un pastor nazareno de Alameda me llamó para preguntarme si podría tocar el órgano en un casamiento en su iglesia. Yo acepté, aunque me sentía tan mal que apenas podía caminar. Mientras la solista se ponía en pie para cantar el Padrenuestro, yo temí que en cualquier momento me desmayaría sobre el piano. Las notas de la melodía se sucedieron mientras yo perdía control de mis brazos y mis piernas. Pensé: "No podré terminar esta canción. Por favor, Dios, ayúdame."

Él me ayudó, y terminé, aunque no veía la partitura, y no sabía si mis dedos estaban tocando el teclado. Después de esto, Lee me llevó directamente a casa y me metió en la cama. Estuve en cama durante tres semanas. Cada vez que trataba de levantarme sentía como si el pecho se me hundiera en los pulmones, quitándome todo el aire. Tenía la extraña sensación de estar destrozándome de adentro hacia afuera.

El neurólogo del hospital naval admitió francamente que no podía dar un diagnóstico sobre mi caso. En esta época yo ya sufría dos o tres desmayos por semana y perdía el control de mis brazos y mis piernas. Llamaradas de dolor atravesaban todo mi cuerpo y tocaban todas mis terminales nerviosas. Respiraba mejor cuando estaba acostada, mientras mi corazón latía como el motor de un automóvil acelerado al máximo.

Lee consiguió una enfermera que me cuidaba día y noche. También puso el órgano al otro lado de la sala de estar y ubicó la cama junto a la pared. Nuestra pequeña casa pasó de ser un nidito de reposo a un hogar para atención de una mujer moribunda.

Comencé a orar con frases como: "Señor, que éste sea mi último aliento. No puedo soportar más este dolor." Pero no morí. Lo único que hacía era empeorar cada vez más. Los días y las noches se superponían en una gigantesca sucesión de dolores.

La Marina pagó todos nuestros gastos médicos mientras continué atendiéndome en el hospital naval. Pero cuando ellos ya no pudieron ayudarme, yo estaba deseosa de buscar ayuda en algún otro lugar. El dinero no importaba. Era cuestión de vida o muerte.

Desesperada, acudí a un médico particular, el doctor Phelps, en San Leandro. Él consiguió mi historia médica del hospital naval, hizo que me internara en el Hospital San Leandro Memorial en mayo y comenzó inmediatamente una larga serie de exámenes. Desde el principio, el doctor Phelps descubrió cuál era el problema... pero ningún médico desea compartir una sentencia de muerte inevitable con su paciente.

En agosto de ese año, yo había ido a verlo a su consultorio luego de sufrir un grave ataque. Los analgésicos comunes, y hasta los narcóticos, no surtían ningún efecto en mí, dado que todos ellos operan sobre el sistema nervioso, y era precisamente éste el que se encontraba en cortocircuito.

"Evelyn", me dijo suavemente el doctor Phelps, "tengo que sincerarme contigo. No hay error en el diagnóstico. Sufres de parálisis periódica y miastenia gravis. Probablemente esto haya comenzado hace unos quince años y ha ido empeorando con el tiempo. Desearía poder ayudarte, pero no hay absolutamente nada que pueda hacer. La Fundación Miastenia Gravis ha hecho algunas investigaciones sobre esta enfermedad, pero en este momento no hay nada que puedan hacer para ayudarte."

Yo me sentía demasiado mal como para que la noticia me sorprendiera. Hacía ya tiempo que sabía que estaba muriendo. Lo único que él me había dicho de nuevo era el nombre de mi asesina.

El doctor Phelps se tomó su tiempo para describirme pacientemente la naturaleza de estas enfermedades. "La parálisis periódica familiar es una enfermedad muy rara," explicó, "que generalmente ataca a personas jóvenes. Se caracteriza por ataques recurrentes de parálisis progresiva que afectan a todo el cuerpo. La miastenia gravis es una debilidad muscular progresiva y crónica que afecta a todos los órganos del cuerpo. La muerte se produce generalmente a causa de un ataque cardiorrespiratorio. Lo único que puedo decirte es que la mayoría de los pacientes que estaban en tu situación ya han muerto."

Asentí. "Doctor Phelps, yo le entregué mi corazón a Jesús cuando era una niña, en la Iglesia Metodista Wesleyana de Easley, en Carolina del Sur. Estoy agradecida por haber crecido en un hogar cristiano donde se enseñaba La Biblia. Estoy dispuesta a ir donde el Señor quiera llevarme." No pude contener las lágrimas, y cubrí mi rostro con las manos.

Una amiga mía, que era bautista, me había regalado un ejemplar de *Creo en milagros*, el libro de Kathryn Kuhlman, y me había sugerido que escuchara su programa de radio diario en KFAX. Empecé a esperar diariamente que se hiciera la hora de escuchar el programa. Estaba totalmente de acuerdo con la teología de Kathryn Kuhlman y creía que la sanidad estaba en el plan de Dios para el día de hoy. Pero no me parecía que fuera su plan para mí, personalmente. Yo había orado desesperadamente para que Dios me sanara o me llevara, y él no había hecho ni lo uno ni lo otro. Era como si se hubiera olvidado de mí y me hubiera dejado para morir lentamente, con dolores cada vez más insoportables.

Lee llamó a mis padres, Frank y Grace Knox, que vivían en Carolina del Sur, y les dijo que no pensaba que yo durara mucho más. Ambos eran ancianos y estaban enfermos, pero querían verme una vez más antes de que yo muriera. Tomaron un avión desde Greenville, se quedaron dos semanas con nosotros, y volvieron a su hogar, prometiendo que pedirían a todos los hermanos de la iglesia metodista wesleyana y de la iglesia bautista que oraran por mí.

Muchos vecinos nuestros también estaban orando. El pastor de la Iglesia del Vecindario, una gran iglesia de la Alianza Cristiana y Misionera, vino a casa a verme. "Pastor, el doctor ha dicho que no hay nada que pueda hacer por mí", le dije, llorando, cuando él entró.

"Bueno, quizá sea así para los hombres," dijo él, "pero Dios sigue estando sobre el trono, Evelyn. 'Por su llaga fuimos nosotros curados', así que vamos a pedir que Dios haga un milagro." Hizo una pausa y miró a su alrededor. "¿Tienes aceite en la casa?"

"Lo único que tengo es aceite para el baño", respondí.

"Bueno, Dios no especificó el tipo de aceite", dijo él. "Tráiganmelo."

Él y su compañero impusieron las manos sobre mí y me ungieron con aceite. "Señor, estamos orando en fe y obediencia", dijo el pastor. "Reclamamos la sanidad para esta hija tuya."

Pasó el mes de setiembre. En ese momento, los únicos instantes de luz de mis días eran los que pasaba escuchando el programa de Kathryn Kuhlman. Un martes por la mañana, el locutor habló sobre los cultos de milagros que se realizaban en el auditorio Shrine de Los Ángeles. Yo sabía que me sería imposible hacer ese viaje de más de 700 kilómetros. Apenas podía salir de la cama para ir al baño. El programa terminó con música grabada en el Shrine. El fantástico coro comenzó a cantar "Mi esperanza está sólo en él". En medio de la canción escuché la voz profunda de Kathryn Kuhlman diciendo: "Canten todos con ellos."

Era más de lo que yo podía soportar. Había tocado el órgano durante años en la iglesia, y sabía que tenía que unirme a ese coro. Salí rodando de la cama y me arrastré hasta el órgano. Me aferré con las uñas al banco hasta que logré sentarme. Encendí el órgano y busqué en el himnario la partitura de ese himno. Pero cuando puse los dedos sobre el teclado, la debilidad abatió todo mi cuerpo y caí hacia adelante. El órgano dio una nota discordante, como si estuviera sufriendo conmigo, expresando mi dolor.

Ya no tenía esperanzas. Apagué el órgano y me quedé con el pecho apoyado sobre el teclado, llorando de dolor y frustración. Ni siquiera podía adorar a Dios.

El programa había terminado. Kathryn Kuhlman se había ido, y la radio comenzó a transmitir un anuncio comercial. Cuando levanté la vista, miré el himnario, y las palabras de la tercera estrofa de ese viejo y extraordinario himno saltaron ante mis ojos. Yo lo había tocado cientos de veces en diferentes iglesias. Pero por alguna razón nunca había prestado atención a la letra, al menos no la suficiente como para dejar que me hablara a mí en particular. Quizá tenía que haber llegado a esa situación de desesperación, tendida sobre el teclado, para finalmente comprender la verdad.

Cuando mi alma se desmorona,

Él es entonces mi esperanza y mi sostén.

En Cristo, la Roca firme, pongo mi esperanza;

Todo lo demás, arena movediza es.

Todo lo demás, arena movediza es.

Apoyé la cabeza sobre el órgano y dije en voz alta: "Señor, voy a ir a ese culto de milagros en Los Ángeles, aunque muera en el camino."

Volví a la cama arrastrándome y lloré hasta desahogarme. Seguí orando en voz alta. "Job salió de su sufrimiento. La gente de la que habla ese libro de Kathryn Kuhlman salió de su sufrimiento. Señor, yo también quiero salir de esto. Si tú no quieres que vaya a ese culto, llévame ahora, porque estoy decidida a ir."

Tomé el teléfono y llamé a una amiga que algunas veces asistía a los cultos de mi iglesia. Ella era distinta de muchas de mis amigas cristianas, porque oraba en una forma especial, "en el Espíritu". Si alguien podía ayudarme, era ella.

"¿Irías conmigo al culto de Kathryn Kuhlman?", lloré. "Tengo que ir, aunque muera."

"Oh, ¡sí!", casi gritó ella. "Iré contigo. He estado orando." Yo sabía que otros cientos de personas también habían estado orando por mí.

Lee reservó dos lugares en el avión que nos llevaría especialmente desde el aeropuerto de Oakland. Pero el viernes, dos días antes de viajar, tuve un terrible ataque. Lee llamó al doctor Phelps.

"Déjeme hablar con su esposa", dijo el médico. Lee puso el auricular junto a mi oído, y el doctor Phelps dijo: "Evelyn, lo siento, pero nadie puede hacer nada. La mayoría de los pacientes que están en tu situación no viven."

"Bueno, le diré que voy a ir igual, doctor", respondí. "Voy a ir a ese culto de milagros de Kathryn Kuhlman... si sigo viva cuando llegue el momento de partir."

"Ahora, dime cómo vas a hacer eso", me dijo él, cariñosamente. "Con sólo escucharte me doy cuenta de que tienes un serio problema respiratorio."

"Lo haré", dije, jadeando. "Sólo espere un poco y lo verá."

Hubo una pausa. "Quiero verte en mi consultorio el martes próximo, cuando vuelvas", dijo él. Hubo una nueva pausa. "Y, Evelyn... estaré orando por ti."

Al día siguiente, sábado, yo estaba tan débil y dolorida, que cuando mi amiga me llamó por teléfono, traté de cancelar todo. "No puedo", le dije, llorando. "Ni siquiera puedo levantar la cabeza de la almohada sin sofocarme. ¿Cómo crees que podré sobrevivir al viaje en avión y entrar al auditorio?"

Su voz me llegó por el teléfono como si fuera la voz de Dios. "Oh, Señor, yo sé que tú vas a usarla, sé que tú vas a sanarla, sé que vas a hacerla una gran testigo. Oh, gracias, Señor."

Yo me sentía demasiado mal como para juzgar su estilo de orar. Lo único que sabía era que esa oración había llegado a Dios. Y estaba agradecida.

El sábado por la noche, estando en la cama, miré el reloj.

"Bien, Señor," dije, "mañana, a esta hora, o entro caminando a esta casa, o estaré caminando por las calles de oro. Si no puedo volver aquí sana, quiero morir allí mismo, en el auditorio Shrine."

Yo no estaba tratando de negociar con Dios. Era una especie de ultimátum. Él podía sanarme o podía llevarme. Me daba igual. Pero no quería quedarme a mitad de camino.

El domingo fue el peor día de mi vida. Lee me levantó como una bolsa de papas y me puso en el auto. En el aeropuerto me esperaban con una silla de ruedas.

"Oh, no empujes muy rápido. No empujes rápido...", rogué mientras Lee empujaba la silla por la rampa.

"Evelyn, estamos yendo muy despacio", me respondió él.

En el avión, dispusieron los asientos de forma que yo pudiera acostarme. Mis músculos oprimían el sistema respiratorio. Sentí que me ponía azul. "No puedo", dije, luchando por conseguir aire. "Moriré aquí mismo en el avión."

"Oh, no, claro que no", respondió ella con autoridad. "¡Dios, no puedes dejarla morir! Oh, Señor, sánala. Reclamamos tu sanidad." Yo estaba convencida de que Dios escuchaba a esta mujer hermosa, de cabello castaño.

Lee había traído dos almohadas, y cuando tomamos el autobús en el aeropuerto de Los Ángeles, nuevamente acomodaron un asiento para que yo pudiera recostarme.

Llegamos tarde al auditorio. El lugar estaba repleto de gente, pero habían reservado asientos para los que venían en nuestro avión. Lee me llevó por el pasillo hacia nuestros asientos y me ayudó a sentarme, manteniéndome erguida con las almohadas. Yo sentía que los ojos de todo el auditorio estaban fijos en mí. Pero cuando uno está muriendo, no se preocupa demasiado por lo que piensen los demás; hace cualquier cosa para vivir.

Yo sufría más que nunca antes. Mientras el coro cantaba el Padrenuestro, le susurré a Lee: "Recuéstame sobre el suelo, cerca de la puerta. No creo que pueda seguir sentada." Pero antes de que él pudiera moverse, sucedió.

Kathryn Kuhlman se adelantó y tomó el micrófono. "No voy a predicar esta tarde, porque hay mucho dolor aquí, y el Espíritu Santo está ansioso por moverse." Comenzó a proclamar sanidades. Una, dos, tres... entonces escuché: "Aquí, a mi derecha, hay alguien que ha sido sanado de un problema respiratorio."

"¡Soy yo!", susurré al oído de Lee.

Extendí el brazo para tomarme del asiento de adelante y levantarme, pero no pude. Volví a caer sobre las almohadas, con el cuerpo muerto. Lo intenté nuevamente, pero ni siquiera podía cerrar mis dedos sobre el respaldo del asiento.

"El Señor me pasó de largo", gemí. "Nunca volveré a casa."

En ese momento, una señora que llevaba un vestido blanco tejido vino hacia mí por el pasillo. "¿Ha habido alguna sanidad en esta área?", le preguntó a Lee.

Entonces me vio recostada sobre los almohadones. "¿Está usted recibiendo sanidad?"

"No", le dije, "pero me gustaría."

"¿Tratará de caminar en el nombre de Jesús?", me preguntó.

"No puedo ponerme en pie."

"¿Quiere intentarlo?", me urgió.

Sentí el fuerte brazo de Lee rodeando mi cintura, y antes de que yo pudiera contestar, me puso en pie.

Entonces lo sentí. Fue algo muy tenue, como el roce de una pluma, que comenzaba detrás de mi oreja izquierda, y como un aleteo bajaba por toda la zona izquierda de mi cuerpo, haciéndome cosquillas, muy suavemente. Repentinamente sentí que no tenía peso. La parálisis había desaparecido. El dolor también. Me sentía fuerte; más fuerte que nunca antes. Antes de que pudiera saber qué estaba pasando, estaba corriendo por el pasillo hacia la plataforma. Podía escuchar el rugir de la multitud que veía lo que estaba sucediendo.

Detrás de mí, escuchaba a Lee gritando: "¡Oh, fue sanada! ¡Señor, no dejes que se rompa la pierna!"

Yo corrí por todo el pasillo hasta la plataforma, dejando atrás a la consejera.

Cuando llegué a la plataforma, Kathryn Kuhlman se me acercó. "¿Ha recibido sanidad?" De repente, sentí temor. Miré ese gran mar de rostros. Miré mis pies, y como Pedro cuando caminó sobre el agua, comencé a hundirme. Jadeé de miedo y desesperación. "Señorita Kuhlman, por favor, ayúdeme. La parálisis está volviendo."

Ella me tomó por la cintura. "Yo no puedo ayudarla. No tengo poder para ayudar ni sanar. Mire a Jesús." Entonces se volvió hacia la congregación y dijo: "Quiero que todos ustedes empiecen a orar para que la sanidad de esta mujer sea completa."

Tuve conciencia de que el coro comenzaba a cantar nuevamente, y de que la gente estaba orando. La señorita Kuhlman me tocó en la frente, y sentí al Espíritu Santo que fluía por todo mi cuerpo. Esa sensación como si una pluma me tocara volvió a recorrerme de la cabeza a los pies. Estuve conciente en todo momento. No me desmayé. Pero estaba más relajada que nunca antes en toda mi vida. Me sentía como si estuviera flotando, pero estaba tendida en el suelo... caída bajo el poder de Dios.

Alguien me ayudó a ponerme en pie, y la señorita Kuhlman dijo: "¡Pise fuerte, en el nombre de Jesús!" Comencé a pisar con fuerza, una y otra vez, llorando, riendo, corriendo de un lado a otro y sembrando de lágrimas toda la plataforma. Entonces, la señorita Kuhlman empezó a hablar con el diablo. Pensé: "¡Esta mujer es capaz de hablarle a cualquiera!"

"Satanás," decía ella, "esta mujer le pertenece al Dios todopoderoso, y nunca volverás a atarla." Toda la gente que había en el auditorio se puso de pie para aplaudir y gritar alabanzas a Dios.

"¿Hay algún medico entre los asistentes, que quiera venir a examinar a esta mujer?", preguntó la señorita Kuhlman.

Momentos después, un hombre subió a la plataforma. Se presentó diciendo que era un cirujano, de la ciudad de Anaheim. Palpó mis músculos, me tomó el pulso, me escuchó respirar, y luego se volvió hacia Kathryn Kuhlman. "Yo estaba sentado allí atrás, con otros dos médicos", dijo. "No dudo del diagnóstico que le dio su doctor. Esto tiene que ser obra del poder de Dios, porque nadie que sufra de miastenia gravis podría hacer lo que ella está haciendo ahora." Y mientras hablaba, las lágrimas le corrían por todo el rostro.

Después de que terminó la reunión, el conductor del autobús me miró y abrió sus labios en una gigantesca sonrisa. "¡Se sanó!", exclamó. "Nunca volveré a dudar del poder de Dios. Yo la vi como estaba antes, y la veo ahora."

Cuando llegamos al aeropuerto, los que nos acompañaban tomaron a Lee por el brazo para retenerlo. "Queremos que usted vea cómo su esposa sube esos escalones ella sola", le dijeron.

Subí corriendo a la rampa y los escalones... sin ayuda de nadie.

Era el día del último partido de la Serie Mundial, y llegamos a Oakland al mismo tiempo que los jugadores del equipo de esa ciudad, victoriosos luego de haberle ganado a los Cincinatti Reds. Treinta y cinco mil personas se habían agolpado en ese pequeño aeropuerto para recibirlos. Tardamos tres horas en salir de allí.

Lee y mi amiga se quejaban de que les dolían los pies, pero yo sentía que tenía alas. "Esos jugadores creen que tienen motivos para celebrar", grité por encima del bullicio de la gente. "Nadie en el mundo tiene más motivos para celebrar que yo. Fui sanada."

Al día siguiente fui al consultorio del doctor Phelps. La enfermera notó inmediatamente que algo había cambiado en mi cuerpo. "No digas ni una palabra", le advertí. "Quiero que él se dé cuenta solo."

El doctor Phelps vino y me miró con simpatía.

"¿Cómo estás hoy, Evelyn?", preguntó con su voz de bajo.

"Tengo un problema en el dedo gordo del pie", sonreí. "Creo que se debe a que uso zapatos."

Él sonrió ligeramente y comenzó su examen. Tomó mi presión arterial, y noté que fruncía el ceño. Apenas podía contenerme para no reír. Luego controló mis reflejos. Por primera vez en años, todo anduvo bien. El doctor retrocedió un par de pasos y guardó su estetoscopio en el bolsillo de su guardapolvo. "Evelyn, quiero saber qué es lo que te pasó."

Salté de la camilla e hice unos pasos de baile allí mismo, delante de él. "Doctor Phelps," le dije, "puede empezar a ocuparse de los enfermos... Yo fui sanada."

"Lo creo", respondió él con una amplia sonrisa. "¡Dios lo hizo! Ahora vé y dale a él la gloria." Salí de su consultorio y me quedé unos momentos en la calle, respirando profundamente. Las gaviotas volaban mientras la marea bajaba, dejando a la vista la arena mojada. Mis pies no estaban apoyados en esa arena, sino en un fundamento firme que nunca se movería. Mientras me dirigía a mi auto para ir a casa, comencé a cantar con voz fuerte:

En Cristo, la Roca firme, pongo mi esperanza;

Todo lo demás, arena movediza es.

Todo lo demás, arena movediza es.

Capítulo 7

Dios nos ama a todos

Clara Curteman

Clara Curteman vive en la pequeña ciudad de Fortuna, en el norte de California. Trabajaba en el restaurante y bar de Fred Deo, en Loleta, hasta que sufrió un ataque de parálisis. Clara es devota católica romana. Está casada con Vern, quien trabaja en un aserradero, y tiene cinco hijos

odo comenzó una noche en el restaurante de Fred Deo, donde yo trabajaba como camarera. Estaba levantando una bandeja con una pila de platos sucios, cuando sentí una repentina oleada de náuseas, acompañada por fuertes punzadas en mi cabeza y en el estómago. Casi me desmayé, pero una de las camareras me ayudó a sostenerme mientras otra compañera le avisaba a Fred lo que me sucedía. Él llamó a mi esposo Vern, quien vino a buscarme.

Llegué hasta el sofá de nuestro pequeño living y allí me desplomé. Vern les dijo a nuestros cinco hijos que fueran a acostarse solos, y me acomodó allí mismo, en el sofá, donde pasé la noche.

Cuando me desperté, a la mañana siguiente, el sol entraba a raudales en la sala. Traté de sentarme. No podía. Mi pierna izquierda y mi brazo izquierdo no se movían. Traté de llamar a Vern, pero sólo logré emitir unos extraños sonidos. Sentí pánico. ¡Estaba paralizada! Finalmente, los sonidos incoherentes que salían de mis labios despertaron a Vern. Al ver el terror que reflejaban mis ojos, se dio cuenta de que algo andaba terriblemente mal.

Era un sábado por la mañana, y Vern llamó a varios médicos hasta que encontró a uno que podía atenderme. El médico me examinó rápidamente y dijo: "Creo que es un nervio que ha sido oprimido. Se sentirá mejor después de descansar un rato."

Confundido, Vern me llevó a casa. Gradualmente recuperé el habla, pero permanecí en cama. El dolor en mi brazo izquierdo y mi pierna izquierda se volvió más intenso.

Después de dos semanas, Vern llamó al doctor Dixon, de Rio Dell, una pequeña ciudad al sur de Fortuna. El doctor Dixon, que había tratado a mi abuela, accedió a verme. En el momento que atravesé, temblando, la puerta de su consultorio, me dijo: "Puedo ver ya mismo que usted ha sufrido un ataque. No tiene que estar aquí, tiene que estar en un hospital."

Me negué. Tengo cinco hijos que cuidar, y teníamos muchos problemas económicos. Finalmente, a regañadientes, el doctor Dixon me dejó volver a casa.

Mi estado continuó empeorando. Una noche, mientras cenábamos, nuestro hijo Michael, de seis años de edad, preguntó: "Papá, ¿por qué mamá no aprende a hablar bien de nuevo?"

Yo me puse a llorar. Vern trató de suavizar las cosas.

"Mamá no puede evitar hablar así, Mike. Está enferma."

Pero aun así, ninguno de nosotros tenía idea de cuán enferma estaba yo realmente.

En octubre me interné en el hospital de la Universidad de California en San Francisco. Vern recorrió unos cuatrocientos cincuenta kilómetros con el auto para llevarme, y ese sábado por la noche me admitieron en el hospital. Los médicos comenzaron a hacerme análisis esa misma noche. Tres días después, uno de ellos vino a verme a la sala de guardia. "Señora Curteman, parece que usted ha sufrido una oclusión arterial cerebral. En medicina se llama así a lo que sucede cuando se detiene la sangre en las arterias del cerebro. Ese es el ataque que provocó la parálisis de su lado izquierdo."

Vern vino a buscarme poco antes del día de Acción de Gracias. Los médicos no querían darme el alta, e insistían en que debían extraer parte de mi pulmón izquierdo, donde se habían formado coágulos. Me advirtieron que podría sufrir otro ataque en cualquier momento. Pero me dejaron ir a casa para pasar el feriado con mis hijos.

Fue un largo camino a casa. Ni siquiera me importaba el bello paisaje que ofrecían los magníficos secoyas junto al camino. Siempre había admirado estos árboles del norte de California, que estaban allí desde la época de Cristo, como mudos testimonios de la eterna bondad de Dios. Ahora, la eternidad se estaba acercando demasiado para mí.

Al volver a Fortuna, el doctor Dixon me recomendó que usara un aparato ortopédico en la pierna izquierda, y un bastón. Mi pie estaba comenzando a torcerse, y la única forma de mantenerlo extendido era con un zapato especial y un aparato ortopédico que me llegaba hasta la rodilla.

Una semana antes de Navidad, enfermé gravemente una vez más.

Volvieron los vómitos, junto con terribles dolores de cabeza y espasmos musculares en la espalda. A principios de enero tuve otro ataque. Una mañana, al despertar, vi que mi mano izquierda estaba horriblemente doblada, como una garra, y sentí un fuerte ardor en toda la mano y el brazo.

El doctor Dixon volvió a examinarme y finalmente me envió nuevamente al hospital en San Francisco. Una semana y cien exámenes después, uno de los doctores entró a mi habitación. "Si tuviera que elegir," me preguntó, casi riendo, "¿qué preferiría perder: su brazo, o su pierna?"

"Usted está bromeando, ¿no es así, doctor?" pregunté.

"Es sólo una pregunta", contestó él, sonriendo para darme seguridad. "Pero... ¿por qué no lo piensa y me lo dice uno de estos días?"

Traté de olvidar lo que él había dicho, pero el tema volvía siempre a dar vueltas en mi cabeza. ¿Por qué me había preguntado eso? ¿Estaba bromeando, o era en serio? ¿Sabían los médicos más de lo que me decían?

Tres semanas después me dieron el alta, indicándome que debería volver cada dos semanas para continuar con el tratamiento. Dado que Vern trabajaba, y nuestras finanzas estaban a punto del desastre, esto significaba que tendría que tomar el autobús de ida y de vuelta.

Yo conocía a un maravilloso sacerdote, el padre Ryan, de la iglesia católica de St. Joseph, en Fortuna, que nos visitaba con frecuencia. Una tarde, yo estaba recostada en el sofá, tan dolorida que pensaba que estaba a punto de morir. "Padre, ¿qué voy a hacer?", pregunté, llorando.

"Lo único que puedes hacer es pedirle a Dios que te sane", me dijo dulcemente. "Y yo pediré contigo."

Entonces oró por mí.

Al salir, se encontró con el pastor de la iglesia cuadrangular y su esposa, que venían a verme. Esta maravillosa pareja había ministrado a mi padre durante su enfermedad, y continuaron viniendo a visitarme cuando supieron que yo estaba enferma.

Yo empeoraba cada vez más. Mi visión se había vuelto borrosa y tenía problemas para enfocar las imágenes. Mi pierna izquierda era inútil y mi forma de hablar era confusa. Un domingo por la tarde, después de otro severo ataque, Vern me llevó nuevamente al doctor Dixon, quien insistió en que fuera a San Francisco enseguida.

"Ni siquiera vayan a cambiarse", le dijo a Vern.

"Llamaré para reservar una habitación. No me gustan los síntomas que veo", agregó. El doctor Dixon pensaba que yo estaba muriendo. Yo también.

Una vez más, los médicos del hospital me realizaron toda una serie de exámenes y análisis. Al cuarto día, uno de los neurocirujanos entró a mi habitación. "Bueno, señora Curteman, creo que tendremos que hacer una pequeña cirugía en su cabeza", anunció sin preámbulos.

"¿Por qué? ¿Tengo un tumor en el cerebro?", pregunté.

"Así parece", confesó. "Pero no podremos estar seguros hasta que entremos y miremos."

"No me van a rasurar toda la cabeza, ¿verdad?", pregunté. Es extraño, ahora que lo pienso. El neurocirujano estaba diciéndome que tendrían que abrirme la cabeza para ver mi cerebro, ¡y yo me preocupaba por mi aspecto!

Él rió, y esto rompió la tensión. "Trataré de salvar la mayor cantidad posible de su cabello", prometió.

Y lo hizo... pero además abrió un agujero de buen tamaño en mi cráneo. Luego de la cirugía, el doctor Burton me trajo las noticias. "Hay buenas y malas noticias", me dijo sonriendo. "Primero, no tiene ningún tumor en el cerebro. Eso es bueno.

Pero usted sufre de algo llamado vasculitis, una enfermedad de la sangre, muy rara."

"¿Y eso es malo?", arriesgué.

Él asintió. "Temo que sí. Es un deterioro de los vasos sanguíneos de su cuerpo. Es lo que causó los ataques que usted sufrió... y puede causar otros. Cualquiera de estos ataques podría provocarle la muerte." Continuó explicándome que la enfermedad en sí misma podía matarme, y que no había cura conocida.

"¿Qué es lo que va a suceder?", pregunté.

Él tomó una silla y se sentó junto a mi cama.

"Clara, no sé qué va a salir de todo esto", dijo suavemente. "Realmente no podemos hacer nada al respecto. Creo que tendría que comenzar a hacer planes para que alguien se ocupe de sus niños."

Supe que él esperaba que yo muriera.

Aunque me dieron el alta en el hospital, yo volvía cada dos semanas. La enfermedad avanzó a tal punto que los médicos me dijeron que podía esperar un ataque masivo (incluso fatal) en cualquier momento. Luego comenzaron a hablar de amputar mi pierna como una forma de prolongarme la vida.

Entonces recibí una llamada de Katherine Deo, la esposa de mi jefe. Habíamos estado en contacto desde que comenzó mi enfermedad, pero esta vez ella me llamaba porque tenía muy buenas noticias.

"Clara, el cuñado de Fred, Don, acaba de volver de una reunión extraordinaria en Los Ángeles. Se llama 'culto de milagros', y la conduce una mujer de Pittsburgh. Él dijo que vio cientos de personas enfermas sanadas por el poder de Dios."

"¡Oh, eso es maravilloso!", dije.

"Y no es todo", continuó Katherine. "Fred y yo creemos que tú también puedes ser sanada."

Yo conocía bastante bien a Fred y Katherine. Ninguno jamás había mostrado gran entusiasmo en los temas espirituales. Pero Katherine estaba rebosando de alegría. "Don nos trajo algunos libros de Kathryn Kuhlman, así que pensé que quizá te gustaría que te leyera un poco por teléfono."

Acepté.

Una noche, varias semanas después, mientras me leía una parte de *Dios puede hacerlo otra vez* (sobre un payasito triste que fue sanado aunque no llegó a entrar al culto de milagros), Katherine se puso a llorar. Fred tomó el teléfono y continuó leyendo. Pronto él también estaba llorando. Entonces escuché que Katherine decía: "Déjame terminarlo a mí. Quiero que Clara escuche este relato."

Katherine terminó de leer la historia, y cuando lo hizo, supe que tenía que ir a un culto de milagros.

Pensé en mis abuelos, que eran maravillosos cristianos. Recordé cómo mi abuela oraba por mí cuando yo me enfermaba de niña, y cómo yo me sanaba siempre. Sabía que ella aún estaba orando por mí. Comencé a entusiasmarme, allí, echada sobre el sofá de mi living, pensando cómo Dios había contestado esas oraciones... y en las sanidades ocurridas en los cultos de Kathryn Kuhlman.

Pero no podía costearme un viaje hasta Los Ángeles. Vern y yo oramos por eso, creyendo que Dios podría encontrar la forma de hacerlo. Cuando Vern y Katherine se ofrecieron a llevarme, supe que Dios había preparado todo.

También sabía que ese culto de milagros sería mi última oportunidad. Tuve que cancelar una cita con el médico en el hospital para poder ir. Los médicos querían empezar los preparativos para amputarme la pierna. Pero yo estaba tan segura de que Dios me sanaría, que metí en el bolso el único par de zapatos de taco alto que tenía, ya que quería salir del Shrine caminando como una persona completamente normal.

Así fue que ese domingo por la mañana, nos encontramos en la carretera 101 hacia el sur, en el Cadillac de Fred, cantando, orando, llorando y tomándonos de la mano. Eramos una extraña mezcla. Fred estaba en el negocio de las bebidas alcohólicas desde hacía veintidós años. Katherine era una firme luterana que fumaba un paquete de cigarrillos tras otro. En el asiento trasero, junto a la hermana y la tía de Fred, estaba su hermana Donna, miembro de una iglesia pentecostal en Santa María.

Habíamos bajado desde el norte dos días antes, parando en casa de Donna y su esposo en Santa María. Esas dos noches nos quedamos charlando hasta tarde, mientras ellos nos contaban sobre el poder sanador de Dios. Como católica romana, yo no tenía ningún problema en creer en la capacidad de Dios para sanar y realizar milagros. La Iglesia Católica Romana ha mantenido estas doctrinas durante siglos. Pero esto era diferente. Ibamos a un lugar específico, en un momento específico, esperando un milagro específico.

El cuñado de Fred nos había dicho que una de las canciones que más le gustaban de las que se cantaban en el Shrine era "Él me tocó". Ninguno de nosotros lo sabíamos, pero Katherine había copiado la letra, y trataba de enseñárnosla mientras íbamos hacia Los Ángeles.

Aunque el auto estaba lleno de humo de cigarrillo, y su voz era ronca y tenía una especie de silbido, Katherine seguía tratando de enseñarnos la canción. "No, está mal", decía en medio de una frase. "Es así..." Y todos empezábamos de nuevo.

"Vamos a tomarnos de las manos para orar", dijo en un momento Katherine, apagando su cigarrillo en el cenicero del auto.

Todos nos tomamos de la mano y lloramos, oramos y cantamos juntos. Después de un rato, Katherine se volvió hacia mí. "Clara, tú has orado por todos, menos por ti misma. Ahora pídele a Dios que te sane. Pide por ti misma."

Hacía mucho tiempo que yo creía que Dios me iba a sanar. ¿Acaso no había traído los zapatos de taco alto y había dejado el bastón en Santa María? Pero orar por mí misma era otra cosa.

"Vamos", ordenó Katherine. "Ustedes los católicos dan vueltas. Nosotros los luteranos vamos directamente al Gran Jefe, pero ustedes antes pasan por todos los santos. Esta vez, vé directamente al Dueño."

"Querido Dios," balbuceé finalmente, "te pido por mí esta vez. Por favor, tócame, y sáname."

"¡Aleluya!", se regocijó Fred, con lágrimas corriendo por sus mejillas. "Lo dice en serio, Señor. Sé que sí. Y nosotros también queremos que la sanes."

Cerré los ojos y alabé a Dios para mis adentros mientras el auto tomaba la carretera Harbor y se dirigía al sur por la ciudad, hacia el auditorio Shrine.

Mis compañeros me ayudaron a subir las escaleras, y todos conseguimos asientos en la parte alta. Allí nos sentamos antes de que el culto comenzara, tomados de las manos y orando por mi sanidad.

A mitad del culto, Kathryn Kuhlman dijo: "Hay alguien que fue sanado de la pierna en la parte alta del auditorio." Lo repitió tres veces. Finalmente, una consejera se me acercó y me dijo: "Creo que la señorita Kuhlman está hablando de usted. Quítese el aparato ortopédico y camine."

Yo temblaba tanto que apenas podía quitármelo. Los demás estaban llorando. Quité el aparato y comencé a caminar hacia un lado y otro por el pasillo. Sentí como si un fuego me recorriera el cuerpo. Me volví hacia la consejera y le dije: "No puedo respirar. Tengo tanto calor..."

Escuché que alguien decía: "No la toques. Está ungida."

Entonces caí al suelo. Luego, Donna me contó que mientras estaba en el suelo, mi pie izquierdo se movía para atrás y para adelante tan bruscamente que ella temió que se rompiera.

Finalmente, los ujieres me ayudaron a ponerme en pie y me llevaron a la plataforma. La señorita Kuhlman sonreía mientras ellos me ayudaban a subir. Yo todavía tenía el aparato ortopédico y el zapato en la mano. Entonces ella me dijo: "Bien, ¿qué te vas a poner en los pies, ahora que te quitaste ese zapato?"

"Oh, tengo los otros zapatos en el auto", respondí, entusiasmada, sin siquiera darme cuenta de que estaba de pie frente a siete mil personas. "Yo sabía que Dios me tocaría y me sanaría."

Entonces la señorita Kuhlman se acercó para orar por mí. "Querido Jesús..." y eso es lo único que recuerdo. Cuando alguien me ayudó a incorporarme, escuché que ella me decía: "Y ahora, ¿qué vas a hacer?"

Yo todavía estaba mareada, pero logré balbucear: "Espero que mi jefe vuelva a darme el empleo."

"¿Tu jefe?", sonrió la señorita Kuhlman. "¿Está tu jefe aquí, en este culto?"

Yo señalé hacia la parte alta del auditorio, y la señorita Kuhlman comenzó a llamarlo: "Jefe, ¿está usted ahí?" Venga a la plataforma, y traiga a su esposa."

Todos bajaron a la plataforma. La señorita Kuhlman oró, y todos caímos bajo el poder del Espíritu Santo. Más tarde, uno de los hombres que ayudaba allí me dijo que mientras yo estaba echada en el suelo, pudo ver cómo me volvía la sangre al rostro. Dijo que parecía una transfusión, a medida que el color gris de mi piel se volvía rosado.

Yo sabía que mi pierna había sido sanada. Pero sólo cuando ya estábamos en el auto, dirigiéndonos hacia el norte en medio de la ciudad, noté que mi mano estaba distinta. "¡Miren!", grité.

"¡Puedo mover la mano! Mis dedos están libres. Ya no parecen garras!"

"¡Y tus ojos, tu rostro!", gritó Donna. "¡Tus ojos también están sanos! Puedo notar la diferencia."

Todo en mí era sano.

Paramos en la primera estación de servicio al salir de la carretera para que yo pudiera llamar a casa. Mi hijo Vernon, de diez años de edad, contestó. Lo escuché gritar: "¡Papá, mamá puede caminar! ¡No tiene aparato ni bastón! ¡Fue sanada!"

Vern se acercó al teléfono, pero yo sólo podía llorar.

Él también lloraba. Fred tomó el auricular para contarle a Vern lo que había sucedido, pero él también se puso a llorar. Finalmente yo tomé el auricular para contarle todo a Vern. Tuvimos una reunión de adoración allí mismo, junto a ese teléfono en la estación de servicio.

Paramos en Santa María, donde compartí mi testimonio en la Iglesia del Evangelio Cuadrangular. Cuando finalmente llegamos a casa, Vern y los niños me estaban esperando.

"Mamá," gritó Vernon, "corre una carrera con Mike y conmigo."

Tiré mi bolso y salí corriendo calle abajo, seguida de cerca por mis dos hijos. Corrimos hasta el final de la calle (creo que gané), y volvimos caminando, riendo y jugando.

"Papá," dijo el pequeño Mike, tomándome por la cintura con sus brazos regordetes, "mamá corre más rápido que yo. Ya no es más paralítica."

Todos habíamos cambiado. Fred comenzó a hacer planes de salir del negocio de las bebidas alcohólicas. Yo sabía, en mi interior, que Dios quería usarme para compartir mi testimonio, no sólo con mis amigos católicos, sino en iglesias de todas las denominaciones. Pero antes tenía que confirmar mi sanidad.

Volví a ver al doctor Dixon en Rio Dell. Apenas entré al consultorio, la enfermera saltó de su silla: "¡Clara! ¿Qué sucedió?" Y empezó a llamar al doctor. "Doctor Dixon, venga. Venga a ver a Clara."

Luego de examinarme, el doctor Dixon me dijo: "Clara, esto es maravilloso." Y me preguntó: "¿Sigues tomando los medicamentos?"

"Los tiré todos a la basura cuando volví de Los Ángeles", confesé. "Desde entonces, no he necesitado ninguna medicina."

Al mes siguiente volví a tomar el autobús hacia San Francisco, para ir al hospital. Me ocupé especialmente de ponerme mi mejor ropa, incluyendo los zapatos de taco alto. Después de anunciarme a la recepcionista, tomé asiento en la sala de espera.

Varios minutos después, el doctor Burton entró al hall. Me miró al pasar, y siguió caminando, hasta que de repente se detuvo, se dio vuelta y se quedó mirándome fijamente. "¿Clara?" balbuceó. "¿Clara Curteman?"

Yo sonreí. "Soy yo, doctor. ¿Me recuerda?"

"¿Por qué no entra aquí enseguida?", me pidió él, indicándome su consultorio. Cuando hubo cerrado la puerta, me preguntó: "¿Qué sucedió?"

"El Señor me sanó."

"Cuénteme todo", me rogó, entusiasmado. "Y desde el principio."

Cuando terminé, el doctor salió al hall y llamó a otro médico. "Ahora cuéntele a él lo que sucedió", me dijo.

El otro médico miró con extrañeza al doctor Burton, pero se sentó y escuchó. Cuando terminé, frunció el entrecejo y miró nuevamente al doctor Burton.

Este sabía lo que su compañero estaba pensando. "¿Psicosomático? Olvídalo. Estuve trabajando en este caso desde el comienzo. Esto es real."

El otro médico se volvió hacia mí. "Detrás de cada gran suceso hay una razón lógica", me dijo. "¿Cuál cree usted que sea la razón en este caso?"

Yo pensé en Vern y en nuestros hijos. Pensé en mi sufrimiento. Pensé en Fred y Katherine, y Donna, todos los que habíamos ido en ese auto a Los Ángeles, cantando y orando y llorando. Pensé en su amor, y en el amor de Dios que fluía a través de ellos hacia mí. En mi mente resonaba el eco del himno, conocido para muchos, pero nuevo para mí, que había escuchado cantar en esa pequeña iglesia cuadrangular de Santa María:

> En el corazón del hombre,
>
> atrapados por el Tentador,
>
> yacen sentimientos que la gracia
>
> puede restaurar;
>
> cuando un corazón amoroso las toca,
>
> y el cariño las despierta,
>
> las cuerdas que rotas estaban
>
> una vez más vibrarán.

Miré a los médicos. Querían una razón, una razón lógica. "Hay una razón", dije. "La razón es el amor de Dios. Dios nos ama a todos."

Probamos todo, menos Dios

Dr. Harold Daebritz

No seas sabio ante tus propios ojos; teme al Señor y apártate del mal; pues él será sanidad para tu cuerpo y alimento para tus huesos.
(Proverbios 3:7,8, Berkeley)

l problema comenzó cuando yo era niño. Nací en Bulgaria, donde mi padre, nacido en Alemania, era editor de una publicación de los adventistas del séptimo día. En 1938, un año antes de que comenzara la guerra, todos los alemanes fueron deportados de vuelta a su país. Yo tenía diez años cuando nos establecimos en Schneidemuhl, Pomerania, sobre el límite entre Alemania y Polonia.

En ese momento yo no sabía que Hitler había emitido un edicto diciendo que todos los niños de diez años o más debían pertenecer a la Juventud Hitleriana. Un día alguien golpeó a la puerta. Eran policías uniformados. "Mire," le dijo el jefe del grupo a mi madre, "usted está haciendo que sus hijos se queden en su casa. Eso es contra la ley. Le advertimos que usted es responsable de enviarlos a las reuniones de la Juventud Hitleriana."

Mis padres no tuvieron opción. Mi padre fue convocado por el ejército y enviado al frente. Mi hemana y yo comenzamos a asistir a las reuniones de la Juventud Hitleriana. Por todos lados nos inculcaban la filosofía nazi.

En ese grupo juvenil, yo avancé rápidamente. Un día me di cuenta de que mi conocimiento del violín me permitía ser transferido del grupo militar de camisas marrones al grupo musical y cultural. El tiempo fue pasando, y llegué a ser director de la orquesta y la banda. Tenía dieciséis años y ya estaba a cargo de quinientos jóvenes en una orquesta de Schneidemuhl.

La Alemania de Hitler había abandonado a Dios. Recuerdo vívidamente el día en que la Juventud Hitleriana participó de la quema de la sinagoga de Schneidemuhl. Nos enseñaban, con el ejemplo, que no había necesidad de Dios.

Por supuesto, la guerra terminó mal para Alemania. Ahora nos damos cuenta de que siempre las cosas salen mal para aquellos que se oponen a Dios. Honestamente, sin embargo, la mayoría de nosotros no sabía nada de lo que sucedía en la Polonia ocupada. Sabíamos poco y nada de los horribles campos de concentración y del asesinato masivo de judíos. Nos contentábamos con quedarnos en casa, tocando obras de Mendelssohn, Mozart y Beethoven... y de vez en cuando, viendo una película de Shirley Temple.

Cuando la guerra terminó, habíamos perdido todo. Escapamos al sector americano de Alemania con sólo dos valijas para los cuatro. Después de la guerra hubo un resurgimiento de la religión, pero era más que nada un asunto intelectual. Yo asistía a algunos grupos de estudio bíblico y hasta fui bautizado por inmersión en una iglesia que había sido bombardeada. Pero en vez de estar buscando a Aquel que es la verdad, buscábamos conocimiento. Todo era una cuestión mental.

Ingresé a la Facultad de Odontología. Pero cuando me gradué y me casé con Ingeborg, supe que debía ejercer mi profesión en forma privada durante dos años antes de ser aceptado para trabajar dentro del programa de seguro social nacional. Dado que no tenía apoyo financiero, decidimos mudarnos a los Estados Unidos, donde encontramos nuevos problemas. Allí se negaron a reconocer mi título de dentista otorgado en Alemania. Tuve que empezar todo de nuevo.

Aproximadamente en esta época empecé a sufrir algunos problemas físicos. En varias ocasiones, fuertes punzadas de dolor me atravesaban el pecho, y sentía oleadas de náuseas, junto con una sensación de que el corazón me latía demasiado rápido. El médico de Detroit al que consulté me diagnosticó taquicardia y arritmia. Mis latidos subían de los 80 a 100 normales hasta 240 por minuto. Cuando esto sucedía, estaba en peligro de muerte a menos que recibiera inmediata atención médica.

Nos mudamos a Los Ángeles, pensando que el clima sería más benéfico. Abrí un laboratorio técnico dental especializado en trabajos con cerámica. Mi salud mejoró un poco, y los odontólogos de la zona quedaron impresionados con la calidad de mis trabajos. Muy pronto, nuestro negocio comenzó a expandirse y florecer. Tuvimos dos maravillosos hijos. Parecía que habíamos logrado el sueño americano de prosperidad y seguridad.

Entonces, un viernes por la tarde, cuando volvíamos a casa del laboratorio en Fullerton, mientras Ingeborg estaba al volante, un joven incrustó su auto en la parte trasera del nuestro. Ambos vehículos resultaron muy dañados, e Ingeborg sufrió un golpe terrible. Al día siguiente los músculos de su espalda comenzaron a retorcerse en espasmos, causándole un dolor insoportable. La llevé corriendo al Hospital Palm Harbor, en Garden Grove, donde quedó internada durante cinco semanas, atendida por un cirujano ortopédico. A pesar de las cantidades industriales de medicamentos que tomaba (analgésicos y barbitúricos), el dolor era cada vez peor, y pasó de su espalda a la cabeza. Los médicos nos dieron pocas esperanzas de que sanara.

Los dos años siguientes fueron una pesadilla interminable para nosotros. Aun luego de haber sido dada de alta del hospital, Ingeborg estaba bajo cuidado constante de un médico. No pasaba ni un solo día que no fuera tambaleándose al baño para vomitar, debido a los crueles dolores de cabeza. Pasaba mucho tiempo por día en una cama de tracción que habíamos traído del hospital a casa. Los médicos le prescribían continuamente nuevas drogas, hasta que las boletas de la farmacia llegaron a sumar doscientos dólares mensuales. Finalmente, Ingeborg fue derivada a un grupo de neurología en el Hospital White Memorial, en Los Ángeles.

En abril de 1964, dos años después del accidente, los médicos le realizaron una laminectomía, es decir, le quitaron un trozo del hueso de la cadera y lo implantaron en su columna. Fusionaron tres vértebras de su columna y las sostuvieron con alambres de plata. Todos teníamos esperanzas de que la operación le diera algún alivio.

La mañana siguiente a la operación descubrimos que todo había fallado. Las vértebras no habían sido bien aseguradas, y al soltarse, habían dejado nervios expuestos a una gran presión. No cabía la posibilidad de una nueva operación. Lo único que podíamos hacer era llenar a Ingeborg de narcóticos y esperar que todo terminara.

Durante los siete años que siguieron, Ingeborg tomó cada noche entre ocho y diez píldoras para dormir. Durante el día estaba bajo el efecto de los tranquilizantes. Constantemente yo le inyectaba Demerol, una especie de morfina sintética. Sabía que se estaba volviendo adicta, pero no teníamos opción. Era eso, o un dolor insoportable.

Las drogas y el dolor comenzaron a hacer efecto. Algunas veces, por la noche, me sentaba en el living con el corazón destrozado, al ver a Ingeborg tambaleándose por toda la casa, temblando, con la mandíbula inferior caída y moviéndose continuamente. Era tan joven, tan rubia, tan hermosa, cuando me casé con ella. Ahora se estaba convirtiendo en la ruina temblorosa de un ser humano, como un viejo edificio ya condenado a desaparecer, pero que sigue habitado.

Consultamos a otros cuatro especialistas: un cirujano ortopédico, un neurocirujano, y dos especialistas en medicina interna. Su diagnóstico final me dejó pasmado: "Su esposa sufre del mal de Parkinson y de distrofia muscular. Esta enfermedad avanza rápidamente... en dos años más estará confinada a una silla de ruedas."

Me negué a aceptar ese diagnóstico. De tal forma, que los médicos escribieron en la historia médica: "Esposo muy obstinado. No quiere enfrentar hechos." Yo sabía que era obstinado, y no iba a descansar hasta haber intentado todo. En mayo de 1967, fuimos con Ingeborg a la Clínica Mayo, en Rochester, Minnesota, para realizarle un examen profundo. Aunque los médicos de la clínica dijeron que no veían indicios del mal de Parkinson o de distrofia muscular, tampoco podían ofrecernos ninguna cura para el dolor. A pesar del peligro de adicción, me recomendaron que continuara con el Demerol.

Ya para este entonces, Ingeborg casi no podía mover el cuello. La única forma en que podía girar la cabeza era iniciando el movimiento con la cintura. Su voz, que había sido alegre, resonaba ahora sólo en llantos y gemidos. "Quedaré así para siempre..."

Probamos todo lo que el hombre podía ofrecernos: medicina, cirugía, treinta y dos especialistas, cinco quiroprácticos diferentes, baños de vapor, hierbas, tés medicinales. La llevé a un especialista en hipnosis para averiguar si el problema era psicosomático. Pasó cuatro horas y media con ella y terminó diciéndome que no había podido hipnotizarla. Nada sirvió.

Afortunadamente, mi negocio progresaba, y pudimos viajar a muchas partes del mundo en busca de ayuda. Me enteré de una clínica en el sur de Alemania donde un cirujano ortopédico utilizaba tratamientos osteopáticos. Dejamos los niños al cuidado de una amiga y fuimos a Alemania, donde el médico le masajeó la espalda. Por primera vez en casi nueve años, el dolor de cabeza desapareció... por un tiempo. Ocho horas después el dolor había vuelto, tan terrible como siempre. Pero ahora teníamos esperanzas. Habíamos descubierto que era posible lograr algún alivio, aunque sólo fuera por breves períodos de tiempo.

Al volver a los Estados Unidos, me enteré de que había un famoso quiropráctico en Wisconsin, que estaba teniendo mucho éxito en el tratamiento de pacientes como Ingeborg. Hablamos con él por teléfono, e Ingeborg fue a verlo.

Sólo después me enteré de que se había llevado sesenta píldoras para dormir. Si el médico de Wisconsin no lograba ayudarla, Ingeborg estaba decidida a no volver viva a casa.

Pero el doctor sí pudo ayudarla. Esta vez, el ajuste de la columna que le practicó la alivió de su dolor durante treinta y dos horas. Cuando Ingeborg volvió a casa, decidí que, si lo que le hacía bien era la quiropraxia, entonces yo aprendería a hacerlo. De esa forma podría hacer los masajes correctivos diariamente, y quizá podríamos volver a tener algo parecido a una vida normal.

Con mis estudios anteriores ya tenía una buena base para comenzar, ya que había estudiado química, anatomía y fisiología. Me inscribí en el instituto de quiropraxia para estudiar por las noches. Tenía clases desde las 17:30 hasta casi medianoche.

Luego de no mucho tiempo, en vez de la dosis diaria de Demerol, lo que le daba a Ingeborg eran masajes. Pasaron más de dos años hasta que pude hacerlo realmente bien, como para aliviar su dolor aunque sólo fuera en forma temporaria... pero era algo que las drogas y la cirugía no habían logrado jamás.

En 1969, Ingeborg ya no tomaba más drogas, aunque nunca estaba completamente libre de dolor. El daño causado por la cirugía que no había dado resultados continuaba, y su cuello estaba inmóvil. Casi la mayor parte del tiempo debía usar el aparato ortopédico en el cuello. Aun así, la más ligera sacudida, como la que se siente en un auto que cruza las vías del tren, podía aumentar la presión en los nervios del cuello. Entonces ella se retorcía y gritaba hasta que encontrábamos un lugar donde deteníamos el auto para que yo pudiera ayudarla.

Después de 4.480 horas de estudio, recibí mi diploma de Doctor en Quiropraxia. Ingeborg era mi única paciente. Pero todavía yo no podía darle un alivio duradero.

Como último recurso, comenzamos a ir a la iglesia. Quizá, pensé, exista algún poder religioso que pueda ayudarnos. Me gustaba mucho la música, especialmente la música litúrgica de Bach y Beethoven. Pero no había "vida" en la iglesia a la que asistíamos; no se alimentaba a las ovejas.

Finalmente, le dije a Ingeborg: "Mira, es lindo ir a la iglesia, y si quieres seguir yendo, te llevaré. Pero, francamente, creo que esas dos horas sería mejor pasarlas en la cama, porque por lo menos allí podrías hacer algo útil, como dormir."

Lo único que pudo hacer Ingeborg fue llorar. Yo decidí no volver a orar, ni siquiera antes de las comidas.

Un día me di cuenta de que habíamos probado todo... menos Dios. Pero, ¿cómo se puede probar acercarse a Dios si uno no lo conoce? Habíamos probado con la religión, pero ahora entiendo que la religión es la forma en que el hombre busca a Dios. El cristianismo es algo completamente distinto: es la revelación que Dios hace de sí mismo a personas ciegas, a través de Jesucristo. Ningún hombre "encuentra" realmente a Dios. Solamente se pone en un lugar donde Dios puede encontrarlo.

Así sucedió con nosotros. Hubo pequeños comienzos, esa revelación de Dios que empezaba a llegarnos. Aunque ahora podemos ver la poderosa acción del Espíritu Santo, en ese momento nos parecía algo tan natural... Actuábamos en forma muy similar a los hijos de Israel cuando acamparon junto al Mar Rojo. Detrás de nosotros estaban los carros de los egipcios, que venían a llevarnos cautivos otra vez. Delante de nosotros, el mar imposible. Pero una noche, comenzó a soplar el viento.

Fue una brisa tan leve, al comienzo... Un amigo nos regaló una suscripción a la revista *Guideposts*. Nos gustaba esa revista, con sus pequeños relatos de personas a las que Dios les había hablado de diferentes formas. Luego, por medio del club del libro de *Guideposts*, recibimos un libro de Kathryn Kuhlman, *Dios puede hacerlo otra vez*. El libro estaba lleno de testimonios de personas que habían sido sanadas. Nosotros no lo sabíamos en ese entonces, pero las aguas estaban comenzando a apartarse frente al viento del Espíritu Santo.

Ingeborg leyó el libro. En realidad, todas las noches les leía un capítulo en voz alta a los niños. Luego, muy tarde en la noche, cuando no podía dormir por el dolor, se levantaba, bajaba y leía La Biblia. Algunas veces leía hasta el amanecer. Pero, como el faraón, yo era duro de cerviz y obstinado.

Una hermosa mañana de sábado decidí quedarme en casa y trabajar en el jardín. Ingeborg me detuvo cuando yo estaba saliendo al patio. "Papá, ¿quieres leer algo?"

Yo sabía que había estado leyendo el libro de Kathryn Kuhlman. Aunque no estaba muy interesado, no quise lastimarla. "Sólo lee este capítulo, es muy corto", me dijo. "Habla de un payaso que había quedado muy dolorido a causa de un accidente que le había lesionado la columna, y Dios lo sanó."

Tomé el libro y leí rápidamente el capítulo. Al terminar, lo cerré y se lo devolví. "Muchas gracias", le dije. "Ahora debo ir a trabajar en el jardín."

No quise mirarla a los ojos, porque sabía que estaba llorando por dentro. Sabía que ella quería que me interesara por las cosas espirituales, pero yo era un científico, y en mi intelecto no había espacio para un Dios sobrenatural. Ya había leído La Biblia muchas veces. Sabía que Jesús sanó a muchas personas cuando estuvo en la tierra. Pero esos días habían terminado. Jesús había vuelto al cielo. Ahora todo dependía de nosotros.

Ingeborg no podía hacer las tareas más pesadas de la casa, así que contratamos un hombre que venía regularmente a ayudarnos con la limpieza. Así mi esposa podía guardar la poca energía que le quedaba para atender a los niños.

Doyle Smith resultó ser un misionero disfrazado. Él sabía que Ingeborg había leído el libro de Kathryn Kuhlman y que ahora estaba leyendo La Biblia.

Aprovechaba toda oportunidad posible para hablarle del Señor. El viento estaba convirtiéndose en un huracán.

Un día le dijo: "Señora Daebritz, ¿por qué no asiste a algún culto de milagros en el auditorio Shrine?"

"Oh, no", dijo Ingeborg. "Jamás podría lograr que mi esposo fuera a una de esas reuniones. Es demasiado poco emocional, demasiado intelectual."

Doyle no insistió, pero ese día, antes de irse, sintonizó nuestra radio en la estación que emitía el programa de Kathryn Kuhlman. A la mañana siguiente, mientras Ingeborg estaba en la cocina preparando el desayuno, escuchó la voz de la señorita Kuhlman hablando por la radio. Pasaron los días, y empecé a notar que la radio siempre estaba sintonizada en esa misma estación. Aún más: Ingeborg siempre iba a la cocina a esa hora de la mañana, para escuchar el programa.

Una mañana, al entrar en la cocina, vi a Ingeborg arrodillada en el suelo, descalza. En la radio se escuchaba una canción: "Él me tocó". Ingeborg levantó la vista. "Dios es real", me dijo. "Tuve que quitarme los zapatos, porque lo sentí a él en este lugar."

Pobre mi esposa, pensé. Tantas drogas le han dañado el cerebro. Pero el viento del Espíritu continuó soplando. Una noche, cuando Ingeborg estaba acostando a nuestro hijo menor, él le dijo: "Mami, si papá te llevara a una reunión de la señorita Kuhlman, quizá Dios te sanaría."

Ingeborg movió la cabeza negativamente. "Se necesitaría un milagro para que él fuera allá."

"Entonces voy a orar por un milagro", dijo nuestro hijo, incorporándose para darle el beso de las buenas noches.

Dos semanas después, un martes por la mañana, yo me había quedado dormido y estaba por llegar tarde al trabajo. Mientras corría por la cocina hacia el garaje, escuché la voz de Kathryn Kuhlman en la radio, y luego un aviso en el que daban un número telefónico para hacer reservas para el autobús que llevaría a la gente al auditorio Shrine el siguiente domingo.

"Bueno, escribe ese número en un papel", le dije a mi esposa mientras me ponía el saco y me dirigía hacia la puerta. "Si no, ¿cómo llegaremos allá?"

Mientras cerraba la puerta y entraba al auto, repentinamente comprendí lo que acababa de decir. Me quedé allí sentado, en silencio, con la mano en la llave de encendido. Sabía que Ingeborg ya estaría llamando por teléfono para hacer las reservas. ¿Qué, o Quién, me había hecho decir algo tan tonto?

El domingo se acercaba. Traté de escaparle al tema, pero Ingeborg ya había decidido por los dos. Busqué un asiento para ella en el autobús, y luego me senté junto a una señora mayor y bastante corpulenta, justo detrás del conductor.

"Joven, ¿a qué iglesia asiste usted?", me preguntó con voz autoritaria.

"No voy a ninguna iglesia, señora", dije muy convencido. "Y no estaría yendo a esta reunión, tampoco, si no fuera porque mi esposa me presionó para que lo hiciera. Preferiría estar en mi casa, en la cama."

La señora parecía muy sorprendida. Yo sentía que estaba empezando a enojarse. Poniéndome la mano sobre el hombro como una matrona, comenzó a predicarme: "Mire, joven..."

"Señora, si no le molesta, hagamos un trato. Usted no me habla a mí, y yo no le hablo a usted."

La mujer sacó la mano de sobre mi hombro y no volvió a hablarme en todo el viaje hasta el auditorio Shrine. Pero mientras estábamos afuera, esperando que se abrieran las puertas, se me acercó otra mujer que tenía una Biblia en la mano.

"Joven, el amoroso Señor dice en su Libro que todos debemos arrepentirnos."

"Sí, sí," dije, esperando ansiosamente que se fuera.

"No sólo eso", dijo ella, como si yo le hubiera rogado que continuara hablando. "El Señor también dice que debemos nacer de nuevo, ser llenos de su Espíritu, y perdonar a nuestros enemigos."

Ya era bastante malo tener que ir a un culto de milagros. Pero tener que soportar a un montón de locos religiosos casi era más de lo que yo podía soportar. "Mire, señora," le dije, "¿hace usted todas esas cosas? Cuando sea perfecta, vuelva a hablarme."

Le di la espalda y me abrí camino entre la gente.

"¿Qué pasa aquí?", me quejé ante Ingeborg. "Lo único que estoy haciendo es estar aquí parado ocupándome de mis propios asuntos, y toda esa gente viene a molestarme."

"Quizá el Señor está tratando de hablarte", dijo suavemente mi esposa.

Dejando atrás la calle y sus ruidos, entramos al auditorio, que estaba en silencio, en una atmósfera de reverencia y quietud. Estaba repleto de gente, y debimos ir a la parte alta para encontrar asientos. Pero hasta cuando nos sentamos, sentí algo especial en el aire. Por primera vez en muchos años tuve ganas de llorar.

El coro ya estaba sobre la plataforma. Cuatrocientas voces bien entrenadas estaban practicando. El director los hacía cantar algunos versos, luego detenía todo y volvía a empezar. De repente, me encontré nuevamente en Schneidemuhl, dirigiendo mi propio coro y cantando obras de Mendelssohn y Bartholdi. Era otra vez un niño. Mis complicaciones de adulto, mi intelecto, mis ínfulas, comenzaban a deshacerse.

Traté de contener las lágrimas, pero no pude evitar que corrieran por mis mejillas. Me sentí avergonzado y miré a mi alrededor. Aunque el culto aún no había comenzado, había otros hombres llorando allí. No había sido necesario un huracán violento para apartar las aguas; sólo una voz suave que decía: "Dios está en este lugar". Asentí con la cabeza, y seguí llorando. Sabía que así era.

En esa primera reunión no me sucedió nada. Pero sí a muchas otras personas. Una señora de color se había sentado junto con su hijo de seis años detrás de nosotros. El pequeño tenía aparatos ortopédicos desde los pies hasta la cadera. Los aparatos le mantenían separadas las piernas, así que cuando caminaba parecía que estuviera usando zancos. Yo podía ver que los músculos de sus piernas estaban atrofiados, casi muertos por la falta de uso.

Cuando ya hacía rato que había comenzado el culto, escuché que Kathryn Kuhlman decía: "Hay una sanidad en la parte alta del auditorio. Alguien que tiene un aparato ortopédico. Quíteselo y se dará cuenta de que Dios ya lo sanó."

La madre contuvo la respiración y comenzó a quitarle los aparatos al niño.

Yo estaba atónito. Sabía que las piernecitas de este niño no podían soportar su peso. Pero el niño se puso en pie. No sólo se puso en pie; caminó. Y al llegar a la plataforma, comenzó a correr de un lado a otro. La madre, llena de gozo, contó que su hijo había nacido con ese problema y había usado aparatos ortopédicos toda su vida. Esta era la primera vez que ella lo veía correr.

Mi intelectualismo estaba destrozado. No había explicación médica para este hecho. El hombre que estaba sentado junto a mí tenía binoculares. Se los pedí prestados para observar con cuidado al niño, que seguía corriendo de un lado a otro de la plataforma. No era un truco. La enfermedad de este niño no podía haber sido causada por autosugestión ni hipnosis. Él había llegado con aparatos ortopédicos y salió sin ellos. Era un milagro... y esta palabra jamás había integrado mi vocabulario.

Las reuniones mensuales en el auditorio Shrine se convirtieron en parte de nuestras vidas. La segunda vez, Kathryn Kuhlman presentó a un joven latino llamado Graviel. Él había subido a la plataforma en la reunión anterior y había testificado de su adicción a la heroína durante veintidós años. Y se le notaba: tenía la piel color ceniza, el cuerpo le temblaba, los ojos clavados en el suelo. Su ropa estaba sucia y rota. La señorita Kuhlman lo había rodeado con su brazo y había guiado a orar en voz alta: "Señor Jesús, hazme libre." Y el joven había caído al suelo bajo el poder del Espíritu Santo.

"Vuelve el mes próximo," le había dicho la señorita Kuhlman, "y cuéntanos como estás."

Había vuelto. Había sido tocado por Dios. Antes, apenas podía hablar. Ese día, la señorita Kuhlman tenía que rogarle que se callase. Estaba bien vestido y venía con una Biblia nueva en la mano. Me volví y le dije a Ingeborg: "Lo que vemos es real. Ahora creo que Dios también te puede sanar a ti."

Cuando fuimos al Shrine por cuarta vez, me di cuenta de que Ingeborg ya no podía subir al autobús. Era demasiado doloroso para ella. Ese domingo por la mañana llamé a la señora que hacía las reservas y le dije que yo llevaría a Ingeborg en nuestro Cadillac y que nos encontraríamos allí. Ella estuvo de acuerdo.

Cuando colgué, Ingeborg dijo: "Estas personas son tan sencillas. Esperan un milagro cada vez que entran al Shrine."

"¿Y qué tiene de malo eso?", pregunté, asombrándome yo mismo de cuánto había cambiado mi propia forma de pensar.

Ingeborg se sentó a la mesa de la cocina, revolviendo el azúcar en su café. "Siempre supe que Jesús había muerto por la humanidad. Ahora sé que eso significa por mí, también. Jesús murió por mí." Y comenzó a llorar, pero esta vez, de gozo.

Ingeborg no llevó puesto el aparato ortopédico para el cuello en esa reunión. Cuando nos sentamos en el auditorio, me tomó muy fuerte de la mano. "Dios me amó tanto que hizo que Jesús muriera esa muerte horrible en la cruz por mí. Está todo tan claro ahora... Cuando pienso en eso, sé que él puede hacer algo con respecto a ese alambre que tengo alrededor del cuello. Él puede restaurar mi salud."

Yo no me atreví a mirarla. Sólo podía tragar saliva. Cada vez que entrábamos al Shrine, sentía ganas de llorar; pero ahora eran más fuertes. Era como la atmósfera de uno de esos días pesados y húmedos que solíamos tener en Alemania. Si se agregara sólo una gota más de humedad al aire, comenzaría a llover. No me atreví a mover un solo músculo por temor de estallar en lágrimas.

Entonces, el coro comenzó a ensayar "Él es tan maravilloso para mí." Esa fue la gota de humedad que yo había estado temiendo, la que desató la catarata de mis ojos. El poder de Dios caía como la lluvia tardía, no sólo para mí, sino también para Ingeborg. Sentí que su mano apretaba con fuerza la mía y me volví a mirarla. Estaba girando la cabeza a un lado y a otro, al menos 60 grados en ambas direcciones... algo que la mayoría de la gente normal no puede hacer.

"Oh, mira lo que está pasando", me dijo, llorando. "Él me tocó. Puedo girar la cabeza. ¡Estoy sana!"

Olvidando dónde estaba, me puse en pie de un salto y comencé a examinar su columna. Después de años de hacer masajes correctores en su espalda, conocía el lugar donde estaba cada punto de presión, cada dolor. Recorrí con mis manos la nuca y la espalda de mi esposa. Los nudos habían desaparecido. Apreté con fuerza. No había dolor. A la altura de la sexta vértebra cervical y de la segunda y tercera dorsal siempre había estado hinchado. Ahora estaba todo normal. ¡No había dolor! Yo estaba extasiado de gozo, y comencé a decírselo a todos los que nos rodeaban.

"Fue sanada. ¡Dios la sanó!"

Durante el culto, fuimos a la plataforma y testificamos sobre el poder de Dios. Ambos caímos al suelo. Si me quedaba algo de intelectualismo, se borró por completo con el mover poderoso del Espíritu Santo en esa tarde de domingo. Habíamos pasado al otro lado del mar, y las aguas habían vuelto a cubrir el vacío, haciendo que el viejo faraón que había vivido en mi mente muriera ahogado. Yo era un hombre nuevo.

Al día siguiente, Ingeborg se despertó muy dolorida. Trató de ocultármelo, creyendo que yo volvería a mi antigua forma de pensar. Creo que me juzgó mal. El viejo hombre había muerto y, por la gracia de Dios, nunca volvería a la vida.

En vez de ceder ante el dolor, Ingeborg comenzó a alabar a Dios por su perfecta sanidad en su cuerpo. Iba de arriba a abajo, alabando a Dios por toda la casa. El dolor de cabeza le duró sólo un día. Al caer la noche, había desaparecido. Y nunca volvió.

Mientras el dolor de Ingeborg desaparecía, mis antiguos problemas cardíacos resurgieron. Algunos días, cuando estaba trabajando, el dolor de pecho era tan intenso que apenas podía soportarlo. Varias veces mis empleados entraron al laboratorio y me encontraron apretando los puños contra el pecho, con el rostro blanco de dolor. Dos meses después, el dolor empeoraba cada vez más, y llegué a decirles a mis empleados a qué médico deberían llamar si yo sufría un ataque. Todos los síntomas eran los de un ataque serio. Parecía cuestión de tiempo.

Mi esposa y yo habíamos comenzado a cantar en el coro del Shrine. El viernes anterior al Día de Acción de Gracias teníamos un ensayo especial. Ingeborg me rogó que no fuera, pero respondí: "Prefiero ir, querida, porque me sentiré tan mal en casa como si estuviera allí." Asistimos, pero varias veces tuve que quedarme sentado por un rato debido al dolor y al mareo.

Al domingo siguiente asistimos al culto. Una vez más, mi esposa intentó convencerme de quedarme en casa.

"¡No! Iré. ¿Por qué Dios no me va a sanar como a ti?"

El culto había comenzado hacía bastante rato, y muchas personas con problemas de columna estaban siendo tocadas por Dios. Entonces, en medio de una frase, la señorita Kuhlman se volvió y miró hacia el coro. "Allá atrás", dijo, señalando hacia donde yo estaba. "Hay alguien que tiene un problema cardíaco que está siendo sanado. Póngase de pie."

Por supuesto, pensé, entre cuatrocientas personas que cantan en el coro, debe de haber decenas que tengan problemas cardíacos. Pero nadie se ponía en pie.

"¿Quién es?", decía la señorita Kuhlman. "Póngase de pie y reclame su sanidad."

Respiré profundamente y me puse en pie. Estaba temblando y transpirando mucho. Traté de hablar, pero no pude. El dolor continuaba, pero yo estaba dispuesto a dar un paso de fe. A pedido de la señorita Kuhlman, fui hacia el micrófono. Toda la gente a mi alrededor estaba regocijándose y alabando a Dios.

"En nombre de Jesús, recibe tu sanidad", dijo la señorita Kuhlman, y caí fulminado al suelo. No sé cuánto tiempo estuve caído, pero cuando me puse de pie nuevamente, era como si tuviera un neumotórax, como si le estuvieran dando aire nuevo a unos pulmones gastados para que puedan respirar bien otra vez. El dolor había desaparecido. Nunca me había sentido tan liviano, tan pleno. Dios debe de haber tomado mi viejo corazón para reemplazarlo por uno nuevo.

Es difícil para la gente comprender lo que nos ha sucedido. Cuando les contamos nuestras sanidades físicas, algunos se gozan; otros, sacuden la cabeza con incredulidad. No importa; sabemos cómo éramos... y cómo somos ahora.

La sanidad más grande, sin embargo, no fue la de nuestros cuerpos, sino la de nuestras almas. El Espíritu Santo nos ha llenado a ambos, y ahora me siento como Moisés, parado junto a la otra orilla del Mar Rojo, mirando hacia atrás, por donde habían venido, y cantando: *"Jehová es mi fortaleza y mi cántico, y ha sido mi salvación"* (Exodo 15:2).

Capítulo 9

Esperanza para los que sufren

Donnie Greenway

La señora Greenway está casada con el jefe de bomberos de St. Petersburg, Florida. Ella y su esposo son miembros activos de la Iglesia Metodista St. Luke's.

erminé de tomar el café. La pequeña Donnie (a quien la llamamos D.J.), nuestra hija de once años, ya había salido para la escuela. Era una hermosa mañana de primavera en Florida, y el canto de los pájaros, volando con la suave brisa tropical, llegaba hasta la ventana de la cocina.

Miré el reloj. Eran casi las ocho, hora de ir a buscar a mi esposo al cuartel. Aunque Zel había estado trabajando en el Departamento de Bomberos de St. Petersburg durante todos nuestros años de matrimonio, nunca pude acostumbrarme totalmente a sus horarios: estaba veinticuatro horas seguidas de servicio, y otras veinticuatro, libre.

Tomé el último trago de café y abrí las cortinas de la ventana. El aire se llenó del perfume de las flores del naranjo que teníamos en el jardín. Mentalmente elevé una breve oración de agradecimiento por estar viva y gozar de buena salud en un día tan hermoso, y fui hacia el auto.

Dios siempre había sido muy real para mí. Mi padre había muerto cuando yo tenía once años, dejando a mi madre con doce hijos para cuidar. Ella nos crió en la iglesia bautista, y nos enseñó a orar y a amar a Jesús. Mi matrimonio con Zel era feliz. Teníamos un hogar cristiano. ¿Qué más podía pedir?

Saqué el auto del pasaje que estaba junto a la casa, miré a ambos lados, y giré hacia la izquierda para entrar en la calle. De repente, escuché el chirrido aterrador de una frenada brusca y miré, justo en el momento en que un automóvil que venía a toda velocidad chocaba el mío. El impacto volteó mi auto y lo hizo caer en el jardín de mi vecino. Aunque el vehículo estaba destrozado, aparentemente yo estaba ilesa. Llamé a Zel al cuartel. Llegó antes de que el policía terminara de hacer el informe del accidente.

Zel quería que yo fuera a ver a un médico, pero yo insistía en que estaba bien. Pero al día siguiente, tenía muchos hematomas y me dolían lugares que nunca había imaginado que podían doler. Me dije a mí misma que era porque había sufrido una sacudida terrible dentro del auto (en 1957 no se colocaban cinturones de seguridad en los vehículos). Pensé que en unos pocos días estaría completamente bien.

Gradualmente me recuperé de los golpes y los magullones. Pero varios meses después, mientras estaba pasando el barrealfombras, me incliné para mover una mesita que teníamos en el living, y al tomarla con la mano izquierda, sentí un dolor insoportable en la parte baja de la columna. Jadeé y traté de levantarme, pero no pude. El sólo moverme un par de centímetros me causaba un dolor espantoso que me recorría todo el cuerpo.

Dejé caer la mesita, solté el barrealfombras y, aún doblada, fui hacia el dormitorio. Zel estaba trabajando, D.J., en la escuela, y yo estaba sola en casa. Lentamente, llorando de dolor, pude sentarme en la cama y llamar a mi esposo. Así comenzó una pesadilla que duró dieciséis años.

Zel era un cristiano comprometido y lo primero que hizo, cuando vino esa tarde y me encontró tan dolorida, fue poner su mano sobre mí y orar, pidiendo a Dios que aliviara mi dolor.

El dolor disminuyó, lo suficiente como para que yo pudiera levantarme al día siguiente e ir a ver a un osteópata. En ese momento, ni siquiera me imaginaba que sería el primero de una serie de más de veinte médicos que visitaría durante los siguientes dieciséis años.

Hubo radiografías, masajes, baños calientes, y otros tratamientos. Pero nada sirvió. El dolor se convirtió en mi compañero constante, de día y de noche. Cada mañana me despertaba casi paralizada de haber estado acostada en la misma posición. El dolor pasaba de la espalda a los hombros, y luego a la cadera izquierda. Por la noche, cuando Zel me masajeaba la espalda, podía sentir los pequeños nudos que se me formaban bajo la piel. El médico dijo que eran músculos convulsionados por el dolor. Nudos más grandes me aparecieron en la nuca. Las radiografías mostraban un nudo muy grande que crecía en mi hombro, como si fuera algo tirante bajo la piel. Mis rodillas se cubrieron de callos, no por mucho orar, sino porque me caía todo el tiempo. Dado que me era imposible inclinarme para alcanzar algo o levantarlo, tenía que caer de rodillas para cosas tan simples como sacar comida del refrigerador o una cacerola de un armario bajo.

Después de soportar cinco meses de tratamiento sin resultado alguno, una vecina me recomendó un médico que había logrado buenos resultados con pacientes con problemas de columna. Hice una cita, y comenzamos con la historia de visitar médico tras médico. El doctor me examinó, dijo que el problema podría ser causado por un veneno en mi sistema, y me recomendó un especialista de garganta, nariz y oído. El especialista me hizo internar en el hospital St. Anthony, me operó las amígdalas, y raspó el fondo de mi garganta. Salí del hospital con problemas en la espalda y en la garganta.

Otro médico dijo que mi dolor podía deberse a un problema dental, y me derivó a un endodoncista. Este me examinó y dijo que creía que tenía veneno en la sangre, por lo cual me recomendó una cirugía en las encías.

Esto fue aún más doloroso que mi problema de columna. El médico cortó la encía superior, la sacó y la reemplazó con yeso importado de París. El tratamiento duró más de un mes. Yo trataba de no quejarme, pero Zel sabía cuánto sufría. Noche tras noche mi esposo oraba por mí, me masajeaba la espalda, y compartía mi desesperantre frustración.

Aun las cosas rutinarias se hacían extremadamente difíciles. Nosotros teníamos la costumbre de ir a Tampa varias veces por mes, a visitar a los padres de mi esposo. Pero el dolor era tan fuerte que era imposible para mí cruzar el puente Gandy sin tener que parar para que pudiera salir y estirar la espalda.

Cuando Zel fue ascendido a jefe del departamento de bomberos, comenzó a tener mejores horarios, pero como jefe, también se suponía que debía a sistir a muchos congresos de bomberos en todo el país, a veces, cinco o seis congresos por año. Los hombres siempre llevaban a sus esposas, así que comencé a viajar con él. Si tenía que sentarme durante un largo rato, siempre llevaba una toalla para enrollarla y apoyar mi espalda sobre ella. El dolor era mi compañero inseparable a la hora de dormir.

Una noche, en el Hyatt House, en Atlanta, donde se desarrollaba un congreso de jefes de bomberos, mi llanto de dolor despertó a Zel. Le dije que preferiría que me cortaran la pierna izquierda, con tal de no tener que soportar más ese dolor. Zel me hizo fricciones, me aplicó toallas calientes, y oró. Nunca dejaba de orar; ni un solo día.

Al volver a St. Petersburg nos mudamos a una casa nueva en la avenida Ocho. Mi mente estaba constantemente ocupada con el dolor. Sabía que tenía que poner la mente en otra cosa, o me volvería loca. Traté de trabajar en el jardín. Algunas veces, después de estar trabajando apoyada sobre las manos y las rodillas, tenía que gatear por las escaleras y desplomarme sobre la alfombra de mi cuarto antes de poder siquiera levantarme. Entonces iba tambaleando hacia el baño y me sentaba durante horas en la bañera llena de agua caliente. Pero parecía que nada podía aliviarme de esa tortura.

Zel era miembro activo del Rotary Club de St. Petersburg, y yo trabajaba con las Rotary Anns. La esposa de un médico del club se enteró de mi estado. Ella estaba a punto de viajar a Detroit, Michigan, para internarse en una clínica de diagnóstico, y me sugirió que fuera con ella para hacerme un examen completo. Zel aceptó.

Los médicos de la clínica confirmaron el diagnóstico de curvatura de la columna, y dijeron que las vértebras inferiores se estaban deteriorando. Ellos creían que una cirugía empeoraría las cosas en vez de mejorarlas. También sugirieron que mi problema podría deberse a una sinusitis, así que me operaron la cara para corregirla.

Mientras tanto, el problema de la espalda se agravó. Cada vez que un amigo me daba el nombre de un médico nuevo, yo iba a verlo. Un neurocirujano dijo que mi columna era como un cable al que se le ha quitado el aislamiento, por lo que el más mínimo movimiento causaba terribles shocks a todo mi sistema. Un cirujano ortopédico me dio un arnés para hacer tracción. Otro médico me recetó medicamentos. Pero nada servía.

En 1968, Zel estaba desesperado por encontrar algo que me aliviara del constante dolor. Así fue que se acercó a uno de sus amigos del Rotary Club, un destacado neurocirujano, le describió mis síntomas, y le rogó que me examinara.

"Bien, jefe, generalmente no recibo a los pacientes de esa manera", dijo el médico, indicando que sólo recibía a los pacientes que le fueran derivados por otros médicos. "Pero dado que ella es su esposa y está tan mal, dígale que venga a verme la semana próxima."

Este médico me hizo una serie de estudios y me hizo hacer otro tipo de tracción: un arnés que colgaba de por encima del marco de la puerta, con una tira que me sujetaba en el cuello como el nudo de un ahorcado. Era como si a uno lo hubieran condenado a la horca, cuando las pesas, movidas por poleas, me estiraban el cuello. Usé este aparato tres veces por día durante dos años. Si tenía que acompañar a Zel en algún viaje, llevaba el aparato conmigo.

Cada noche yo oraba, pidiéndole a Dios que me quitara el dolor, y me levantaba a la mañana siguiente en la misma agonía. A medida que pasaban los años, empecé a desear no volver a levantarme.

Algunas veces, cuando Zel estaba trabajando y D.J. estaba en la universidad en Lakeland, yo me sentaba y trataba de recordar cuándo había sido la última vez que no había sentido ningún dolor. Nunca pude recordar cómo era vivir sin sentirlo.

En setiembre de 1971 estuve internada en el hospital St. Anthony durante tres semanas. Dos cirujanos ortopédicos estaban haciendo todo lo que podían para ayudarme. Pero era la misma historia. Un sábado por la tarde, aproximadamente a las seis, uno de los cirujanos entró en mi cuarto. Acercó una silla, se aflojó la corbata y se sentó junto a mí. Sonrió débilmente y dijo: "Bueno, no le queda nada de espalda."

Yo no podía creerlo. Me quité el arnés de tracción y me senté en la cama. "¿Qué quiere decir?"

"Hemos observado sus radiografías desde todos los ángulos. Toda la parte baja de su columna está destruida."

"Pero, ¿no hay nada que puedan hacer?", exclamé. "¿No pueden operarme?"

"No tenemos nada que operar", dijo él, tratando de suavizar el golpe. "Usted no tiene ni una sola vértebra íntegra debajo de la cintura."

"Eso no me da demasiadas esperanzas, ¿no?", dije, sintiendo que la desesperanza me cubría como la niebla nocturna cubre un lago.

Él se inclinó y me palmeó el hombro. "No, pero hay muchas personas que viven en esa situación. Tendrá que prepararse para vivir en una silla de ruedas."

Creo que él siguió hablando, pero "silla de ruedas" es lo último que le oí decir. Prefería estar muerta a pasar el resto de mi vida en una silla de ruedas.

Zel vino a verme más tarde. Mientras él estuvo allí, mantuve la cabeza vuelta hacia el otro lado, por temor de ponerme a llorar.

El domingo por la noche, el pastor de la Iglesia Metodista St. Luke's pasó a verme. El sol ya se había puesto sobre el golfo de

Méjico, y yo estaba en la semioscuridad de mi cuarto, sintiéndo-me más deprimida que nunca antes en toda mi vida. Ya no tenía nada porqué vivir. No veía ningún futuro. Con una gran sensibi-lidad ante mi espíritu quebrantado, el pastor me habló de la ca-dena de oración que habían iniciado en la iglesia. Había gente orando a toda hora por mí.

Luego se acercó para tomarme la mano y oró por mí.

Justo cuando él terminaba de orar, sonó el teléfono que yo te-nía junto a la cama. Era Martha Bigelow, a quien yo había cono-cido en St. Luke's hacía varios años. Su esposo Jimmy había sufrido un ataque cardíaco durante uno de los cultos, y Zel lo había llevado en el camión de los bomberos a la sala de emergen-cias del hospital. Yo había estado con Martha en la sala de espera. Jimmy se había recuperado, y Martha y yo habíamos estado en contacto algunas veces desde entonces.

Martha tenía un problema facial llamado "tic doloroso". Du-rante una operación, un médico le había cortado accidentalmen-te un nervio de la cara, lo cual hizo que un ojo se fuera para abajo. "Tengo dos libros sobre la oración que quiero que leas", me dijo.

"Bueno, Martha, tú sabes que no leo mucho", confesé.

"Pero, ¿no lo sabías?", dijo ella, ignorando mi desinterés. "Fui sanada de mi problema en la cara. Ya no estoy desfigurada."

Repentinamente el corazón empezó a latirme fuertemente en el pecho. "¡No! ¿Qué pasó?" Yo sabía que su estado era conside-rado permanente.

"Fui sanada por la oración, y estos dos libros me mostraron el camino. Todo comenzó cuando leí *De la prisión a la alabanza*", continuó ella. "Entonces alguien me dio otro libro sobre la ora-ción. Después fui a un grupo de oración que dirigía un cirujano del Hospital General de Tampa. Él oró por mí, y fui sanada. No vas a reconocer mi rostro."

Yo estaba tan entusiasmada que apenas podía hablar. Una maravillosa y cálida sensación me recorría por entero, comenzando por mis pies y llegando hasta la cabeza. Lo único que podía pensar era que yo también podía ser sanada. Quería subirme a la terraza del hospital y gritar: "¡Esperanza! ¡Esperanza! ¡Hay esperanza!"

Zel, D.J. y su esposo Bud, habían salido a cenar. Cuando volvieron, mandé inmediatamente a los hombres afuera otra vez. "Vayan enseguida a la casa de Martha Bigelow y tráiganme dos libros que tiene para mí."

Zel me miró sorprendido. Él sabía que no me gustaba leer. "Pero tenemos que hacerte compañía", protestó.

"No quiero que me hagan compañía. Quiero esos libros. Y por favor, apresúrense. Tengo que tenerlos."

Los dos hombres fueron a buscar los libros, y D.J. se quedó conmigo. Le conté que la gente de St. Luke's había estado orando, que el pastor había venido también a orar por mí, y luego le conté sobre la llamada de Martha. Y esta sensación hermosa que seguía fluyendo en mí.

D.J. se puso a llorar. Hacía tanto tiempo que no me veía feliz, o con algún atisbo de esperanza. "Oh, mamá, sé que vas a estar bien."

Zel y Bud volvieron con los libros, y una vez más los eché afuera. No podía esperar para empezar a leer. Siempre antes había odiado el momento en que Zel se iba. En realidad, teníamos un pequeño código secreto. Después que él se iba, yo salía de la cama y lo despedía desde la ventana. Su camión de bombero estaba estacionado generalmente justo frente al hospital. Cuando me veía agitar el brazo desde la ventana, él encendía la luz roja. Era nuestra forma de decir: "Te amo."

Pero esa noche ni siquiera fui hacia la ventana. Antes de que ellos llegaran al elevador, yo ya estaba inmersa en los libros, hambrienta por leer sobre el poder de Dios para cambiar vidas.

Una hora después entró la enfermera trayendo la píldora para dormir. No la tomé. Leí toda la noche. Era como llegar a un oasis después de dieciséis años en el desierto. Sentía que podía beber por siempre de la fuente de la esperanza.

Al día siguiente, cuando vino Zel, le dije: "Amor, sácame del hospital. Me voy a casa."

Él protestó que el médico había pedido un aparato ortopédico para mi espalda y aún no estaba listo. Pero yo sabía que si me ponía esa cosa jamás saldría de ella. Insistí en que Zel me llevara a casa. Sabía que de alguna forma, en algún modo, Dios me sanaría.

Comencé a asistir a los cultos de sanidad de la Iglesia Metodista St. Luke's los martes y jueves por la mañana. A pesar del dolor en la espalda, siempre pasaba al frente y pedía que oraran por mí. El dolor desaparecía por un rato, aunque volvía después. Pero era suficiente alivio como para que yo comprendiera que Dios podía curarme totalmente.

Tres semanas después de salir del hospital volví al cirujano ortopédico. Él recorrió mi espalda con su mano y dijo: "Su espalda está distinta, señora Greenway."

Yo sonreí. "Lo sé."

Él continuó con su examen, pidiéndome que me inclinara, me torciera y me estirara. Lo escuché murmurar mientras recorría mi columna con los dedos. "No puedo creer lo mucho que ha mejorado su espalda."

"Ha habido tanta gente orando por mí, que tenía que mejorar", respondí.

Él dio vuelta a su escritorio para poder verme de frente. "Sabe," me dijo serenamente, "los médicos necesitamos toda la ayuda posible del de arriba." Yo me sorprendí un poco por esa referencia tan impersonal hacia un Dios que era tan personal para mí, pero me gustó. Al menos, el doctor reconocía que estaba comenzando a suceder algo milagroso en mi cuerpo.

Yo seguía teniendo dolor en la espalda, sin embargo. Y al mismo tiempo. sufría agudas migrañas que algunas veces me duraban hasta treinta y seis horas. Seis semanas después, volví a ver al médico.

"¿Por qué no considera la idea de ir a esta gran clínica universitaria en Carolina del Norte?", me dijo él. "Allí tienen las mejores instalaciones del país. Quizá puedan ayudarla."

Sentí la vieja desesperanza creciendo una vez más en mi interior, aunque en mi corazón sabía que Dios me sanaría. "Doctor, hemos gastado más de $17.000 en médicos y hospitales", le dije. "No podremos darnos ese lujo."

Él golpeó con el estetoscopio en la palma de su mano y dijo: "Señora Greenway, creo que no puede darse el lujo de no ir." Zel y yo oramos sobre este tema, y finalmente aceptamos hacer el viaje. El doctor dijo que reuniría todos mis antecedentes clínicos de todos los demás médicos y los enviaría a Carolina del Norte. Ellos me llamarían para confirmar la cita.

Hacía calor en St. Petersburg. Generalmente hay una brisa que sopla desde el mar, pero ese verano, las hojas de los palmares quedaban inmóviles, como suspendidas en el calor. El dolor se volvió más agudo al comenzar agosto. Yo asistía a las reuniones de oración que se hacían en toda la zona circundante: St. Petersburg, Clearwater y hasta Tampa, cruzando la bahía. Alguien me regaló un ejemplar del libro *Creo en milagros*, de Kathryn Kuhlman, y después, yo misma compré *Dios puede hacerlo otra vez*. Al leer cómo otros habían sido sanados de situaciones peores que la mía, volvían las esperanzas, y con ellas, una fe fortalecida en que Dios también me sanaría a mí.

Entonces supe que en setiembre, por primera vez en muchos años, Kathryn Kuhlman vendría a realizar un culto de milagros en Orlando, Florida, a sólo ciento sesenta kilómetros de distancia. Yo sabía que ese sería el lugar y el momento de mi sanidad. Esa noche, cuando Zel vino a casa, le pregunté si podría ir.

"Se supone que tenemos que salir el 13 de setiembre para una convención de jefes de bomberos en Cleveland", dijo él. "Pero... oremos."

Oramos, y aparentemente, la respuesta se presentó a la semana siguiente, cuando al asistir a un grupo de oración, supe que ya no había más asientos disponibles para la reunión en el Auditorio Municipal de Orlando. Sólo quienes habían reservado asientos en los autobuses podrían entrar. Esa tarde llegué a casa enferma de la desilusión, y comencé a empacar para ir a Cleveland. Si Dios quería que fuera al culto de milagros, tendría que llevarme allí primero.

D.J. vino a casa al día siguiente. "Mamá, papá no parece muy entusiasmado con la idea de ir a Cleveland, ¿no?"

"No", contesté. "Pero es una conferencia muy importante, y no voy a cuestionarlo."

Esa noche, Zel estuvo muy silencioso durante la cena, empujando la comida en el plato sin comerla. "Sabes," me dijo finalmente, "no creo que tengamos que ir a Cleveland este año."

Una vez más sentí aquella sensación de entusiasmo y calidez en todo el cuerpo. "Yo estaría feliz de ir, si tú lo quieres", le dije, con mi tono de voz más sumiso. Pero por dentro, estaba saltando y gritando: "¡Oh, alabado sea el Señor! Ahora puedo ir a Orlando."

Por supuesto, todavía estaba por resolver el asunto de los asientos. Las reservas en los autobuses estaban a cargo de una persona de la Iglesia Católica Bendita Trinidad. Tenían un grupo de oración que se reunía todas las semanas, y Zel nos llevó a Martha y a mí a la reunión. "Quizá alguien cancele su reserva, y ustedes puedan conseguir esos asientos", dijo.

Zel tenía razón. Había dos asientos libres, y fueron para Martha y para mí. En la reunión había una monjita irlandesa. Cuando supo de mi situación, vino hacia mí, me impuso las manos en la cabeza y oró por mí.

Al volver a casa, Zel dijo que yo era la persona por la que más gente estaba orando en todo St. Petersburg. Toda una iglesia metodista que había orado el día entero por mí, muchos grupos de oración, un esposo, una hija, un yerno, hermanos y hermanas, un ministro metodista, y ahora una monja católica. "Si Dios no te sana en Orlando, no será por falta de oración", rió. Zel creía, tanto como yo, que éste era el momento de Dios.

El jueves por la tarde, muy temprano, cinco autobuses especialmente contratados esperaban en la playa del estacionamiento del Auditorio Bayfront. Los motores estaban encendidos, así como el aire acondicionado. Un pastor, su esposa y un sacerdote de la Iglesia Católica Bendita Trinidad estaban ya a bordo, junto con otras doscientas personas. Zel dijo que estaría esperando cuando volviéramos, y nos acompañó a Martha y a mí hasta el autobús. Durante todo el viaje a Orlando debí soportar un fuerte dolor en los hombros.

Orlando es una de las ciudades más hermosas del mundo. Fue construida alrededor de cien lagos, muchos de ellos en el centro mismo de la ciudad, lo que da una impresión de que su gente goza de la gran vida. Al entrar en la carretera interestatal hacia el auditorio, comencé a ver los autos yendo uno detrás de otro hacia allí, mucho antes de llegar. Había un carril destinado únicamente a autobuses, y avanzamos lentamente hacia el estacionamiento, que ya parecía estar completamente cubierto con todos los autobuses y cientos de autos de todo el centro de Florida.

"¡Mira eso!", dijo Martha, sentada a mi lado. Estaba señalando la multitud de gente que esperaba de pie bajo el ardiente sol a la entrada del auditorio. "Faltan casi dos horas para que se abran las puertas, y ya debe de haber dos mil personas esperando afuera."

El autobús estacionó cerca de la puerta de atrás, y se nos permitió entrar antes. En el preciso momento en que entré, mis ojos se llenaron de lágrimas. Vi una mujer en una camilla de hospital, con dos enfermeros a los costados, dándole oxígeno. Un hombre, que supuse sería su esposo, estaba junto a ella también, tomándole la mano. Vi una niñita en una cuna de hospital, con una enfermera que la estaba cuidando. La cabeza de la niña era más grande que el resto de su cuerpo. El lugar estaba lleno de gente así. Muchos de ellos estaban en sillas de ruedas. Había padres con sus hijos enfermos en brazos. Era como si todos los hospitales de Florida se hubieran estrechado, dejando caer a los enfermos en este lugar tan grande.

Comencé a llorar. Aquí estaba yo, y mi única afección era una espalda dolorida. Por supuesto, el dolor era fuerte, ¡pero no era nada comparado con el de esta gente! Al menos yo podía levantarme y andar. Al menos podía venir en autobús y no tenía que ser bajada de una silla de ruedas en una ambulancia. Me volví hacia Martha, con lágrimas en las mejillas. "Aun con lo mucho que deseo curarme, si sólo uno de estos fuera sanado, me iría gozosa."

Martha no pudo contestar. Ella también lloraba.

Durante las dos horas siguientes (desde el momento en que nos sentamos hasta que comenzó el culto), no volví a pensar en mí. Pasé cada segundo orando por los que me rodeaban.

Repentinamente escuché un canto maravilloso. Era el coro que estaba en la plataforma. Entonces apareció Kathryn Kuhlman. Creo que parecía un ángel, vestida de blanco, con un brillo que la seguía mientras se movía por el escenario.

Me di vuelta hacia la derecha y vi a una mujer que caía al suelo. Yo había leído acerca de la gente que caía al suelo bajo el poder del Espíritu Santo en sus reuniones. Sabía que era de Dios. "Oh, Martha, ¿no es maravilloso?", susurré.

Mi mente era un remolino. Traté de concentrarme en lo que estaba sucediendo, pero eran tantas cosas que no podía absorberlas todas. Había personas que eran sanadas. Muchas de ellas subían a la plataforma para testificar sobre el poder de Dios.

De repente, en medio de toda esa cacofonía de sonidos, alabanza, y música, escuché que Kathryn Kuhlman decía: "Hay alguien en la parte alta que está siendo sanado de un problema en la espalda, el cuello y los hombros."

Antes de entender lo que estaba haciendo, me puse de pie con un salto.

"Dondequiera que esté (usted sabe quién es), venga a la plataforma", decía ella.

Las cosas pasaban raudas ante mí. Los rostros volaban. Estaba corriendo escaleras abajo. Entonces, con la mente aún agitada, me encontré de pie en una hilera de gente sobre la plataforma. Estaba diciendo: "Gracias, Jesús. Alabado sea el Señor", expresiones que nunca antes había usado.

La plataforma estaba atestada de gente, y los que iban a testificar me empujaban al pasar adelante. Noté que los ujieres estaban teniendo problemas para controlar a todas esas personas, pero yo también quería acercarme para que Kathryn Kuhlman me tocara. "Oh, si sólo me tocara", gritaba por dentro. "Entonces me sanaría." Pero toda la gente me empujaba hacia atrás, hasta detrás del piano.

Entonces, muy suavemente, escuché una voz masculina muy suave sobre mi hombro: "Usted no necesita que la señorita Kuhlman la toque. Es el Espíritu Santo el que sana."

Me di vuelta. Allí, en medio de un bello rostro negro, estaban los ojos más dulces que había visto en mi vida. Era Jimmie McDonald, el barítono.

"Oh, gracias", dije, y me volví una vez más hacia el centro de la plataforma. Al hacerlo, escuché que Kathryn Kuhlman decía: "Oh, hay gloria allí." Estaba parada en puntas de pie, señalando por sobre la gente hacia donde yo estaba.

Entonces caí. Fue una sensación tan maravillosa, tan hermosa. No sé cómo llegué al suelo, ni cómo me levanté. Lo único que sabía era que el Espíritu Santo había venido sobre mí, dentro de mí.

Bajé los escalones tambaleando y me dirigí hacia mi asiento. Cuando terminé de bajar, sentí algo que caía, como un manto que hubiera llevado sobre mi cuerpo. Me detuve para mirar a mi alrededor, tratando de descubrir qué había perdido, pero no vi nada. Di unos pasos más, y me volví para mirar otra vez. Algo se me había caído; lo había sentido. Pero no había nada en el suelo. Seguí caminando.

No pude encontrar mi asiento, así que estuve dando vueltas por el auditorio. Finalmente me quedé apoyada contra una pared, regocijándome en la presencia de Dios. Pero seguía faltándome algo. Se me había caído algo, y lo había dejado atrás. Me sentía incompleta.

Lo siguiente que vi fue a Martha Bigelow tocándome el brazo. El culto había terminado y yo ni siquiera me había dado cuenta. Sólo repetía: "Bendito sea el Señor. Alabado sea el Señor."

"Dejaste tu cartera y tus anteojos en el asiento", dijo Martha. "Aquí están."

"Oh, gracias", murmuré, aún mareada. "Sabía que había dejado algo, pero pensaba que se me había caído."

Los autobuses llegaron a Bayfront Park después de medianoche. Zel me estaba esperando. Caí en sus brazos, y lloramos durante todo el camino de vuelta a casa. Sólo cuando ya estábamos en la cama, aún hablando, llorando y alabando a Dios, me di cuenta de lo que me faltaba. No eran mis anteojos ni mi cartera. Era el dolor. Mi compañero constante por más de dieciséis años se había ido. Yo era libre. Las ataduras se habían cortado.

A la semana siguiente, en el culto matinal del martes en St. Luke's, fui a hablar con el pastor. "Mi médico dijo: 'Alabado sea el Señor', cuando le dije que había sido sanada, pero siguió insistiendo en que fuera a Carolina del Norte para hacerme ese examen."

El asintió con la cabeza y dijo: "Creo que escuché que Kathryn Kuhlman le dice a la gente que confirmen su sanidad con su médico. ¿No sería maravilloso que todos los especialistas confirmaran que verdaderamente usted fue sanada?"

Parecía tal derroche de tiempo y dinero que yo no quería ir. Pero le dije al Señor que iría, si recibía noticias del centro médico. Hacía tres meses que habían recibido mis papeles.

Al día siguiente llegó una carta. Los médicos querían verme el 4 de octubre.

Zel y yo fuimos allá en el auto. Las colinas de Carolina del Norte se habían revestido de sus mejores colores. Los árboles junto al camino ardían en rojo, naranja, y amarillo. Era una hermosa oportunidad para alabar al Señor. Yo sabía que había sido sanada y apenas podía contener el gozo.

El guardia de seguridad de la entrada del centro médico debe de haber pensado que yo estaba allí por algún problema mental, tal era mi gozo. Me interné a las 9:00 de la mañana, y Zel fue conmigo al consultorio. El cirujano ortopédico residente hizo un examen preliminar. Él había estado estudiando una pila de papeles sobre mi caso, con antecedentes que llegaban hasta 1957. Después de terminar su examen, me dijo: "Ah, señora Greenway... ¿cuál se supone que sea el problema de su columna?"

Yo eché una mirada de reojo a Zel. Su rostro estaba inmóvil. "Bien," dije, "he estado sufriendo terribles dolores."

Él miró el informe. "Sí, veo la causa de esos dolores, por las radiografías y su historia clínica. Pero ahora estoy un poco confundido."

"¿Confundido?", dije, mientras me esforzaba por mantener una expresión normal en el rostro.

Él se aclaró la garganta. "El jefe de cirugía está viniendo hacia aquí. Él la examinará, y luego podremos decirle algo más." Momentos después llegó el jefe de cirugía y miró los informes.

Frunció el ceño y me miró por sobre sus anteojos. "Usted me sorprende", dijo.

"¿Por qué?", pregunté.

"Se supone que debería estar en una silla de ruedas".

Traté de no sonreír. "Sí, lo sé." Me recosté sobre la camilla mientras él examinaba mi espalda, tocando la columna, haciendo presión en distintos puntos.

Finalmente se sentó en un silla y se quitó los lentes. "Sabe, no encuentro ningún problema en su espalda." Entonces se dirigió a Zel. "Señor, ¿qué le parece esto de hacer un viaje tan largo y no encontrar nada?"

"Es la mejor noticia que podía haber tenido", dijo Zel.

"Realmente no lo entiendo", continuó el médico. "Podría hacer internar a su esposa y hacerle una serie de exámenes, pero sería inútil. Me parece vergonzoso que hayan tenido que venir desde tan lejos sólo para volverse a casa tal como vinieron."

"Doctor, no tengo ningún problema", le dije. "Después de que concertamos esta cita, fui sanada."

Él dejó de revisar los papeles de mi historia clínica. Levantó la vista y me dijo con voz controlada: "Lo siento. Creo que no entiendo lo que me dice."

"Fui sanada", le dije. "Asistí a una reunión de Kathryn Kuhlman. Si no hubiera sido sanada, estaría en una silla de ruedas. Pero ahora gozo de perfecta salud."

El cirujano mordisqueó las patillas de sus anteojos. "Hmmmm. Bien, de todos modos, tomaremos algunas radiografías."

Después de dos horas de estar bajo los rayos X, volvimos al consultorio y esperamos. Poco después el doctor reapareció con dos juegos de placas. Levantó algunas para que yo las viera, y me preguntó: "¿Son suyas estas radiografías?" Las placas tenían fecha de setiembre de 1972, St. Petersburg. Eran las últimas que me habían tomado antes de que yo fuera al culto de milagros. Las miré y asentí. "Reconocería esa columna en cualquier parte."

El médico señaló la mancha que se encontraba en la base de mi columna, donde las vértebras se habían desintegrado, el nudo en el hombro, y la forma de S que tenía toda la columna. Luego, levantando las otras radiografías, dijo: "Estas son las que acabamos de tomar. Así está usted ahora."

Miré, maravillada. La columna estaba derecha. Todas las vértebras inferiores tenían la forma correcta. El nudo en el hombro había desaparecido. Las radiografías correspondían a una persona con una columna normal.

El médico no dijo nada. Sólo se quedó allí, con los dos juegos de placas en las manos. Finalmente dijo: "Debe ser un milagro. Usted tenía una enfermedad que generalmente causa incapacidad total. Pero," dijo, sonriendo avergonzado, "obviamente todo eso cambió."

Zel me tomó por los hombros y me abrazó con fuerza, repitiendo las palabras del doctor: "Obviamente."

El agente de seguridad abrió la puerta principal del centro médico cuando salimos. "¿Qué problema encontraron?", preguntó.

"Nada", dije, rebosando de gozo. "Nada de nada."

Él sacudió la cabeza. "Estoy en esta puerta ocho horas por día. Veo a personas que traen a sus seres amados, y los dejan bajo sentencia de muerte. Entran y salen en ambulancias, en sillas de ruedas, con muletas. A veces entran y no vuelven a salir. Pero nunca vi a nadie como usted. ¿Para qué vino, por empezar?"

"Vine porque hace un tiempo sufría dolores tan fuertes que apenas podía caminar. Había sido sentenciada a pasar el resto de mi vida en una silla de ruedas. Pero Jesucristo, el Gran Médico, me tocó con el poder de su Espíritu Santo. Ahora estoy perfectamente bien."

El hombre giró y se quedó mirando el anochecer. Un viento frío soplaba en el frente del hospital, pero no era el viento el que lo hacía llorar. "Es maravilloso", dijo, con voz lejana. "Me hace feliz saber que todavía hay esperanza para los que sufren. Eso me hará más fácil continuar aquí, guardando esta entrada."

Capítulo 10

Pero en amor él me buscó

Patricia Bradley

Nunca olvidaré a esa niñita de grandes botas que corría por la plataforma en Dallas, Texas. Tampoco olvidaré a su madre, una joven y hermosa mujer con la voz cansina típica de Virginia Occidental que rebosaba del entusiasmo de haber nacido de nuevo y haber sido llena del Espíritu Santo. Pat Bradley nació y creció en Kenova, Virginia Occidental. A los quince años se casó y dejó el hogar de sus padres. Tres años después nació su hija Gina. Tuvieron que pasar trece años para que las circunstancias se volvieran tan negativas que ella debiera, finalmente, recurrir al Señor.

l rumor apagado del tránsito nocturno fuera de la iglesia católica débilmente iluminada formaba el transfondo de mis sollozos desesperados que resonaban en el santuario vacío. Eran casi las doce de la noche y yo había estado arrodillada allí, llorando frente al altar durante dos horas. Mi hija Gina, de ocho años, estaba sentada en silencio en el primer banco.

Yo había sido bailarina en un club nocturno en Dallas. Estaba divorciada, sola, y desesperada. Había trabajado haciendo *striptease* en clubes como El Pequeño Egipto y La Franja de Tierra, en los peores barrios de la ciudad. Mi ex esposo estaba muy metido en drogas y alcohol. En tres ocasiones me había golpeado tanto que tuve que ser internada en el hospital. La última vez tuvieron que hacerme cirugía plástica para restaurar mi nariz y los huesos de mis mejillas.

Hay algunos que piensan que la vida de una bailarina de *striptease* es divertida.

Pero yo sabía bien cómo era. Estaba sola, y los hombres me perseguían, esperando que cometiera todo tipo de perversidades por dinero. Finalmente, la presión llegó a ser más de lo que podía soportar, y el mundo se desmoronó a mi alrededor.

Yo sabía que allá en mi hogar natal, en Virginia Occidental, mis padres, y en especial mi madre, estaban orando por mí. Yo había sido criada en una iglesia evangélica y había asistido a la escuela dominical cuando era una niña. Pero cuando me casé, a los quince años, le di la espalda a Dios y me metí de cabeza en un infierno en la tierra.

Primero fue el mundo del alcohol y las drogas. Después de mudarnos a Dallas desde Oakland, comencé a trabajar como bailarina de *striptease*. Nuestro matrimonio comenzó a destruirse. Uno de mis amigos me ofreció asesinar a mi esposo, y yo lo alenté a hacerlo. Pero mi esposo se enteró de nuestro plan y contrató hombres para que nos mataran a Gina y a mí. Debimos huir para salvar nuestras vidas.

Me mudé a un pequeño apartamento y comencé a trabajar como mesera en un restaurante alemán. Mi vida se estaba desmoronando. Comencé a leer La Biblia, esperando que Dios interviniera y me salvara. Mi jefe, las demás bailarinas y todos mis amigos pensaron que estaba loca. No comprendían. Lo único que veían era una joven divorciada de cara bonita y cuerpo sexy. No podían ver el interior de mi corazón: el tormento, la culpa, el hambre desesperado por ser algo más que un objeto.

"Luche con una joven desnuda", decía el cartel en el frente de un club de Dallas, como si la joven fuera un animal, como un oso encadenado. Algunos clubs ponían a las bailarinas semidesnudas en una especie de jaulas y las suspendían sobre el público, donde se retorcían y giraban al compás ensordecedor del *acid rock*. Oh, Dios, ¿no sabían que somos criaturas de Dios, hechas a su imagen y semejanza, que deseábamos ser personas, no animales?

Una noche de diciembre, después de pasar la noche en mi pequeño apartamento, llorando y tratando de leer La Biblia, tomé a Gina de la muñeca y la arrastré a la calle. Caminaría por las calles oscuras de Dallas hasta encontrar una iglesia. Allí, lo sabía, encontraría a Dios.

Faltaban pocos días para Navidad y muchos de los negocios estaban aún abiertos. Pero la única iglesia que encontré abierta a las diez de la noche era un enorme templo católico. Estaba retirada de la calle, en la oscuridad, en medio de las sombras. Una pequeña luz brillaba sobre la puerta. Cautelosamente subimos los escalones y entramos.

Gina se aferró a mí mientras caminábamos por el pasillo apenas iluminado. A los lados había estatuas con cera de velas derretidas a sus pies. Un sacerdote con su sotana apareció desde un cuarto lateral, y vino silenciosamente hacia mí.

"Soy protestante," le dije, con voz temblorosa, "pero necesito orar."

Él miró a Gina, quien se había escurrido hasta el primer banco y allí estaba sentada, asustada, retorciéndose las manos sobre la falda. Volvió a mirarme, y al ver mi maquillaje y la ropa que llevaba puesta, inmediatmente se dio cuenta de la clase de mujer que era. Asintió, indicó con la mano el altar, y desapareció en las sombras. Yo caí de rodillas frente al altar, y mis sollozos comenzaron a resonar en el vacío del edificio solitario.

Yo había olvidado cómo se oraba. Recordaba las primeras palabras de las fórmulas que nos enseñaban cuando niños ("Ahora me acuesto a dormir..." y "Dios es bueno, Dios es grande"), pero el resto se había borrado de mi memoria, barrido por años de rebelión. Lo único que podía hacer era sollozar convulsivamente y clamar que Dios me ayudara. Nunca se me ocurrió pensar que esta es la oración más perfecta. "No quiero ser como soy", lloraba. "Quiero ser pura. Quiero ser limpia. Por favor, Dios, por favor."

Casi era medianoche cuando finalmente me calmé. Exhausta, sin más lágrimas, apoyé la cabeza sobre la cerca del altar. Las estatuas me miraban, con los labios sellados, con ojos que no veían, con rostros de piedra. Pero Alguien me había oído.

Gradualmente tomé conciencia de que había una luz en el santuario. Era suave y quieta, y llenaba todos los rincones. ¿De dónde venía? Las únicas luces eran las artificiales que brillaban detrás de la mesa de comunión. Pero había otra fuente de luz allí, que yo no podía distinguir, aunque la sentía. Era como una fuente de calidez y paz que parecía entrar en mi interior, iluminando los rincones más oscuros de mi corazón, echando fuera la oscuridad. Como una niñita que sale a gatas de su cama en medio de la noche y se acomoda entre sus padres, me sentí segura y amada. Todos mis temores se disiparon. Mis ayeres ya no me presionaban ni me hacían tambalear o querer esconderme. Toda la suciedad y la culpa habían desaparecido, cubiertas por un océano de paz y amor. Me sentía libre.

No sabía prácticamente nada de cosas espirituales, pero sabía que había clamado a Dios, y él me había respondido. "Señor," susurré, "no tengo un hijo para darte, como tú me diste a mí. Pero te doy a mi pequeña, que es más preciosa para mí que mi propia vida. Úsala para tu gloria." Meses después, yo había olvidado esa oración, pero Dios no.

Cuando salimos de la iglesia, las luces de los adornos de Navidad seguían titilando en las calles. El viento de diciembre aún me golpeaba la cara. Gina seguía apretando muy fuerte mi mano, mirándome a los ojos, preguntándose qué era lo que veía allí. Pero yo ya no era la misma. Era como si hubiera nacido por primera vez.

Abriéndose paso entre la niebla de mi memoria, aparecieron las palabras de un viejo himno que había escuchado cantar a mi madre allá en la iglesia en Virginia Occidental:

> Perverso y tonto, tantas veces me descarrié,
>
> Pero en su amor él me buscó.
>
> Y llevándome dulcemente sobre su hombro,
>
> Al hogar, gozoso, me llevó.

Volvimos a la iglesia la noche siguiente, a la misma hora. Como antes, el templo estaba vacío. Esta vez ni siquiera un sacerdote vino a recibirnos. Gina y yo nos sentamos en el primer banco.

Pero algo era diferente, algo andaba mal. La paz de la noche anterior había desaparecido, reemplazada por un siniestro presentimiento. Sentí que se me congelaban hasta los huesos. Me estremecí involuntariamente. Gina, que también sentía esa opresión, se acurrucó junto a mí. Su cabello oscuro y corto enmarcaba su carita aterrada.

"No tengas miedo, querida", le dije, tratando de darle seguridad a ella... y también a mí misma. "Esta es la casa de Dios."

Repentinamente escuchamos un ruido, como si se abriera una puerta trampa. Vino de algún lugar detrás de nosotras, al principio del pasillo. Gina se dio vuelta para mirar, y estiró sus bracitos para aferrarse a mi cuello, con los ojos desmesuradamente abiertos. "¡Mami!", gritó.

Miré por sobre mi hombro. Dos grotescas figuras se acercaban por el pasillo. ¡Aparecidos! Caminaban como marionetas, con los brazos y piernas sacudiéndose con rigidez, pero parecían estar flotando.

"¡Mamá!", volvió a gritar Gina. Saltamos y nos protegimos detrás de la cerca del altar, las dos muy juntas.

El hombre tenía facciones mejicanas, pero su piel era gris, como si no tuviera sangre. Su rostro parecía la máscara de la muerte. La mujer, que venía sacudiéndose a su lado, tenía un cabello blanco que caía a los lados de las mejillas extremadamente pálidas. Sus ojos, sin vida, miraban al frente. Eran como cadáveres andantes.

Yo estaba petrificada de terror. Los dos se acercaron hasta casi rozarnos, y la mujer, sin mostrar ninguna expresión en su cara, se inclinó para tocar a Gina en el hombro. Entonces desaparecieron. Yo comencé a gritar. Tomando a Gina de la mano, corrí por el pasillo y salí a la calle.

Al llegar a casa, seguí gritando. Un vecino llamó a unos amigos que vinieron y trataron de calmarme.

"¡Los vi!", gritaba yo. "¡Los vi!"

Uno de mis amigos llamó a la policía. Traté de contarles lo que había sucedido, pero, como mis amigos, simplemente se miraron entre ellos y sacudieron la cabeza. Me hicieron entrar al coche de la patrulla junto con Gina, y nos llevaron al hospital.

"Ella ve cosas", le dijo uno de los oficiales a la enfermera de psiquiatría. "Nos llevaremos a la niñita al departamento de menores de nuestra estación."

"No", rogué. "Pueden encerrarme a mí, pero no a Gina. Déjenme llamar a mi hermana, que vive cerca y trabaja en el hospital Baylor. Ella podrá cuidar a mi hija."

Los oficiales aceptaron, y mi hermana Faye vino a llevarse a Gina. A mí me encerraron en la guardia psiquiátrica para observación.

"Oh, Dios, ¿qué está pasando?", gemí, mientras me metían en la cama y me daban una inyección. "Ayer todo era tan hermoso... y ahora esto. ¿Eran demonios? ¿Por qué tocaron a Gina?" Me adormecí sollozando suavemente, mis respuestas aún suspendidas en el aire, sin respuesta. Yo no sabía que durante mis años de alcohol, droga, sexo y pecado, había estado abriendo mi vida al poder de Satanás. Cuando invité a Jesús a entrar en mi vida, la noche anterior, él había echado fuera todos los demonios. Pero ellos habían vuelto... para tocar a Gina. Los resultados de ese contacto con mi criatura estaban por salir a la luz creando una pesadilla demasiado horrible para describirla.

Estuve durante seis semanas en un hospital psiquiátrico en Terrel, en las afueras de Dallas. Un psiquiatra dijo que había tenido un ataque nervioso. Otro dijo que sufría alucinaciones. Traté de decirles que estaba sana, pero no me creyeron. En cambio, me inyectaban drogas continuamente.

Faye trajo a Gina a visitarme todos los sábados, durante un tiempo. En la tercera visita, cuando estábamos solas, Gina me susurró al oído: "Mami, esas dos personas van a buscarme todos los viernes a la escuela y me acompañan a casa. Dicen que voy a morir. Tengo demasiado miedo como para contarle a alguien. Quizá me encierren en un hospital a mí también." Sus ojos me miraban asustados, con fijeza.

"Ora a Dios, querida", le dije, abrazándola. "Él nos ayudará a salir de esto."

La primera semana de febrero me dieron el alta en el hospital. Faye vino a buscarme. El "viento del norte" había soplado en toda esa área de Texas esa mañana, y la temperatura había bajado a grados bajo cero, acompañada por un viento seco que nos azotaba el rostro, se escurría silbando por entre las ramas de los árboles, y levantaba pequeñas ramas que golpeaban contra las puertas del auto. Nos quedamos en el estacionamiento por unos minutos, esperando que el auto entrara en calor.

"¿Cómo está Gina?", dije finalmente, con la nariz aún ardiendo de frío.

Faye no me contestó. Sólo se quedó sentada mirando el volante. Creí que no me había oído, y cuando estaba por preguntarle otra vez, ella levantó la vista; el temor se reflejaba en su rostro.

"¿Qué sucede?", pregunté, con voz temblorosa, recordando que Gina no había venido a visitarme el sábado anterior.

"Teníamos miedo de decírtelo, Pat", dijo Faye, con los ojos llenos de lágrimas.

"¿De qué estás hablando? ¿Dónde está Gina?". La tomé bruscamente por el brazo, clavándole las uñas en mi desesperación.

"Hace dos semanas, un viernes por la tarde, volvió de la escuela quejándose de un dolor en el tobillo", me explicó Faye. "La llevamos al médico, pensando que podría ser una torcedura, pero él no encontró nada. Pero el sábado por la mañana, cuando los niños trataron de sacarla de la cama para que fuera con ellos a ver dibujos animados en la televisión, Gina no podía moverse. Su cuerpo estaba rígido e hinchado, y apenas podía hablar. La llevamos corriendo al hospital."

Me quedé sentada, atónita. Era como una horrible pesadilla.

"¿Cómo está?", pregunté finalmente.

Faye sacudió la cabeza. "No muy bien. Fue transferida a otro hospital, y los médicos todavía no saben qué es lo que tiene. Pero es grave, Pat. Está muy enferma."

Fuimos directamente al Hospital de Niños, donde vi que la situación era aún peor de lo que Faye me había contado. Gina yacía, desnuda, sobre una cama, en un cuarto aislado, en la sección infantil. Su cuerpo estaba hinchado y deformado, sus articulaciones tan rígidas que no se podía mover. Tenía la cabeza echada hacia atrás, y los músculos del cuello sobresalían como si fueran cuerdas. Gemía de dolor, y al hacerlo, la saliva caía por las comisuras de sus labios. Una enfermera, junto a ella, controlaba los tubos del suero. Dos veces, me dijo, habían tenido que poner a Gina en un baño de hielo para bajar la fiebre.

Me incliné sobre ella. Aunque estaba consciente, no podía hablar. Sus ojos me miraron pidiendo ayuda y consuelo, pero yo estaba demasiado desesperada como para darle algo. Mientras la miraba, giró los ojos hacia atrás hasta dejarlos en blanco.

Me aterroricé. La enfermera sacudió la cabeza. "No podemos vestirla, porque grita de dolor cuando algo toca su cuerpo", me dijo.

Entonces me señaló que las manos y los pies de Gina estaban comenzando a doblarse. "Es una fuerza externa que los médicos aún no han podido identificar", dijo. "Pero están haciendo todo lo posible."

Le creí. Pero también temí que no hubiera tratamiento médico que pudiera curar a Gina. Me daba cuenta de que su dolor crecía. Días y noches se confundieron en una sola y horrible pesadilla. Yo me quedaba con Faye durante el día y pasaba las noches junto a la cama de Gina.

Durante una de esas largas y solitarias noches, comenzaron las convulsiones. El cuerpecito de Gina comenzó a doblarse hacia atrás, retorcido por alguna invisible mano cruel. Puso los ojos en blanco y comenzó a hacer ruidos incoherentes con la boca.

La enfermera entró apresuradamente, la miró, y exclamó: "¡Se está tragando la lengua!"

Inmediatamente tomó un trozo de tela y metió los dedos en la boca de Gina, para mantener el pasaje de aire abierto. Pero la respiración de mi niña se aceleró bruscamente y se hizo más superficial. Luego se detuvo por completo.

Nos quedamos mirando en silencio durante una fracción de segundo. El cuerpo de Gina se retorcía involuntariamente, como una serpiente o un pollo después de que le han cortado la cabeza. Pero desde algún lugar detrás de mí, escuché una voz muy suave, hablando en forma calma. *"No tengas miedo. Estoy aquí contigo."*

¿Quién había hablado? Me di vuelta y no vi a nadie, pero al escuchar esa voz sentí que el temor me abandonaba. El cuerpo de Gina se relajó inmediatamente. La enfermera comenzó a hacerle respiración boca a boca. Segundos después, mi hija volvía a respirar. Un médico entró a la habitación y ordenó que trajeran oxígeno. La enfermera me rodeó con su brazo y me acompañó fuera del cuarto. Por sobre mi hombro, miré esa pequeña figura echada en la cama, mientras los médicos reinsertaban los tubos que se habían soltado durante la convulsión. Me pregunté cómo podría sobrevivir a ese ataque.

Pero sí sobrevivió. No sólo a ése, sino a muchos más. Muchas veces dejó de respirar, y los médicos finalmente me dijeron que había sufrido daños irreparables en el cerebro debido a la falta de oxígeno.

Para este entonces, Gina había perdido el control de esfínteres. Teníamos que cambiarle los pañales y cuidarla como si fuera un bebé. En la primera semana de abril, comenzó a gritar de dolor. Y no paró. Estuvo gritando durante una semana y media hasta que los médicos aumentaron la dosis de drogas lo suficiente como para controlar el dolor. Todavía no podían diagnosticar con certeza su enfermedad.

Aunque Gina estaba internada en forma gratuita, atendida por el servicio social, los médicos y las enfermeras del hospital fueron amables y muy pacientes con ella. Pusieron un catre en la habitación para que yo pudiera dormir junto a ella en las largas noches que pasaba cuidándola. Una mañana vi varios mechones de cabello sueltos sobre su almohada. Suavemente, le pasé la mano por la cabeza, y los cabellos se soltaron al contacto con mi mano. Pocos días después, estaba completamente calva. Entonces comenzó a crecerle vello negro en los brazos, las piernas y la espalda. Los médicos dijeron que se trataba de un cambio hormonal.

El doctor Chester Fink, un pediatra especializado en desórdenes sanguíneos, pidió autorización para operar a Gina en las piernas. Quería abrir los muslos y tomar una biopsia de los músculos. Acepté, y la operación se realizó. El diagnóstico resultante fue que mi hija sufría de una rara enfermedad sanguínea llamada periarteritis nudosa.

Una noche, tomé un block de hojas y me senté a escribirle una carta a mi madre, para ponerla al tanto del estado de Gina. Yo sabía que ella había estado orando por nosotras dos. Faye había usado ese block anteriormente, y mientras yo recorría las hojas buscando una en blanco para escribir, encontré una nota escrita por mi hermana que decía: "Pat todavía no lo sabe, pero el médico nos llamó ayer para decirnos que Gina no vivirá mucho más. Nos dijo que comenzáramos a disponer todo para su funeral."

Me quedé allí, con la vista fija en esas palabras, como si estuviera leyendo una novela. Pero era la letra de Faye. Supe que había encontrado una carta que ella aún no había terminado de escribirle a mi madre.

Faye estaba durmiendo en la otra habitación. Entré corriendo y la desperté. "Tengo que saber qué es lo que está pasando. Has estado ocultándome la verdad, por temor a que yo sufriera otro ataque. Dímelo todo."

Faye extendió su brazo y me tomó por el hombro. "Lo siento, Pat", me dijo. Entonces admitió que el doctor le había dicho que no había esperanzas. Gina estaba muriendo.

Fui al hospital a pasar la noche con mi hija. A la mañana siguiente, cuando los médicos pasaron a verla, arrinconé a una de ellas, una médica joven, muy bonita y femenina, y le pregunté si Gina iba a morir. Mirándome directamente a los ojos, me dijo: "Señora Bradley, no tiene sentido que nos engañemos. Gina no podrá sobrevivir. Está demasiado enferma. Su enfermedad está avanzando. Como máximo, puede tener seis meses de vida... quizá sólo tres." Siguió mirándome de frente. Una leve pátina húmeda se formó en sus ojos, de un azul claro. "No hay nada que podamos hacer", dijo. Después, tomó por un instante mi mano entre las suyas y se retiró.

En julio, los médicos finalmente pudieron estabilizar la presión sanguínea de Gina y cedieron a mis ruegos de que me dejaran llevarla a casa, aunque debía tomar diferentes drogas, catorce veces por día. Me mudé a un departamento. El Servicio Social aumentó mi mensualidad, y la entidad benéfica bautista Buckner me ayudó donando algunos alimentos. Una enfermera especial venía todas las mañanas desde el hospital a ayudarme a alimentar y medicar a Gina. Yo esperaba que fueran seis meses.

Mientras estaba en el hospital, yo había estado orando por ella y hablándole de Jesús, pero su mente estaba tan confusa que no estoy segura de que me entendiera. Después que volvió a casa, me senté junto a ella y una vez más le conté sobre el Jesús que yo había conocido. Sabía que su cerebro había sufrido daños, pero yo sabía que Jesús había muerto por los niños retardados tanto como por los normales, quizá más. Satanás podría matar su cuerpo, pero Jesús podía salvar su alma. Ella comprendió, y le pidió a Jesús que entrara a su vida. En medio del dolor, este fue un momento de gozo.

Un día, mientras Gina dormía, me puse a buscar una funeraria en las páginas amarillas. El director de la empresa me dio los precios del embalsamamiento, el ataúd y el transporte del cuerpo hasta Virginia Occidental para el entierro. Entonces llamé a mi padre para que buscara una parcela en un cementerio e hiciera los arreglos necesarios en una funeraria de Kenova. Él me preguntó si había alguna manera de que yo pudiera llevar a Gina a casa para verla antes de que muriera. Él también estaba muriendo de cáncer. Quería vernos por última vez.

Yo quería intentar llevar a Gina para que lo viera, aunque sabía que sería muy complicado. Hablé con la línea aérea y con los médicos. El Hospital Scottish Rite de Dallas me proveyó de una silla de ruedas, y con asistentes que nos ayudaron en los aeropuertos en el camino, finalmente llegamos a casa.

Pude ver que papá no viviría mucho tiempo más. Había perdido tanto tiempo que ya no parecía él mismo.

Una cálida tarde de verano, me llevó en auto hasta el cementerio para que viera las parcelas que había comprado. Yo lloraba tanto que no podía ver. "Papá, esto es lo más difícil que he tenido que hacer en mi vida."

Salimos del auto y comenzamos a caminar por un espacio cubierto de césped hacia el bosque. "Nada en la vida es fácil", me dijo él, con voz temblorosa por el dolor. "'Pero como las chispas se levantan para volar por el aire, así el hombre nace para la aflicción', dijo Job, y sigue siendo cierto. Pero él también dijo algo que ambos necesitamos recordar: 'Aunque él me matare, en él esperaré'."

Tomé a mi padre por la cintura y lo abracé. El sol se escurría detrás de las nubes, echando sombras sobre las sepulturas. Una suave brisa soplaba desde el bosque, y se escuchaba el canto de los pájaros en los árboles. Todo hablaba de la vida. Pero estábamos ocupándonos de la muerte.

Mi madre verdaderamente me ministró. Yo sabía desde hacía muchos años que ella tenía algo diferente. Aun cuando yo bailaba en los clubes nocturnos, ella me escribía o me llamaba para decirme que me amaba y que estaba orando por mí. Nunca me despreció. Sólo me amaba con más amor del que yo podía imaginar. Mientras estábamos en casa, le pregunté sobre eso.

"No tenemos muchos bienes de este mundo", dijo ella, sentándose junto a mí en el gastado sofá. "Hemos tenido que trabajar duro solamente para poner comida sobre la mesa. Pero tengo algo que es más valioso que todo el dinero del mundo. Es el Espíritu Santo."

"Pensé que recibíamos al Espíritu Santo cuando aceptamos a Jesús", le dije, citando el último sermón que había oído en la Iglesia Bautista de Dallas.

Mi madre sonrió y levantó sus manos arrugadas por encima de la cabeza. "Oh, claro que sí, querida", dijo. "Pero es el bautismo en el Espíritu Santo el que te da el poder."

Yo no entendía de qué estaba hablando, pero sabía que para ella era algo real. Dijo algo más, que iba tan lejos que en ese momento simplemente lo dejé deslizarse a través de mi mente. Sus palabras fueron: "Patricia, Dios puede sanar a Gina. Llévala a un culto donde caiga el poder de Dios, y ella se sanará." Yo no podía creer eso, porque sabía que Gina estaba bajo sentencia de muerte para la ciencia médica. El solo hecho de considerar algo más estaba fuera de mi comprensión.

Volvimos a Dallas en medio de un mar de lágrimas. La próxima vez que yo volviera a Virginia Occidental, sería para sepultar a Gina.

Faye nos fue a buscar al aeropuerto y nos llevó al apartamento. Gina estaba terriblemente débil y gritaba de dolor cuando la alzamos para llevarla dentro de la casa. Después de meterla en la cama y llenarla de medicamentos, Faye me llevó a un lado.

"Pat," me dijo, con voz dubitativa, "una amiga mía, Diane Smith, me regaló un libro. Lo leí, y creo que quizá tú también deberías leerlo. No quiero hacer que te crees falsas esperanzas, porque todos sabemos que Gina está muriendo, pero este libro habla de sanidad. Se llama *Creo en milagros*, y su autora es Kathryn Kuhlman."

Leí el libro, y a la semana siguiente conocí a Diane, una activa obrera de la Primera Iglesia Bautista de Dallas. Ella me dijo que

Kathryn Kuhlman hablaría en una gran iglesia metodista a la semana siguiente, e insistió en que yo llevara a mi hija. Mi mente recordó las palabras de mi madre: "Patricia, Dios puede sanar a Gina", y acepté.

Era un día muy caluroso en Dallas. El sol de agosto quemaba el asfalto de las calles y rebotaba en ondas de calor que se levantaban haciendo que pareciera que las calles ondeaban hacia arriba y hacia abajo. Estuvimos dos horas en la fila de gente que esperaba ante la entrada de la enorme iglesia metodista, esperando que se abrieran las puertas. Gina estaba en una silla de ruedas delante de nosotras. Yo esperaba que en cualquier momento comenzara a gritar de dolor, pero ella parecía contenta de estar allí sentada, mirando a toda la gente.

Finalmente, se abrieron las puertas, y entramos. Diane nos guió hasta nuestros asientos. "Apenas puedo creerlo", le dije. "Hace tiempo que Gina no puede estar sentada durante más de quince minutos. Y mira lo bien que está ahora."

Diane sonrió, como si supiera algo que yo no sabía, como si no viera el mal aspecto que tenía Gina.

Yo había comprado una peluca para mi pequeña antes de que fuéramos a Virginia Occidental, y era difícil sujetarla, ya que no tenía cabello al cual fijarla. Sus pies estaban tan torcidos que ya no calzaban en sus antiguos zapatos. Lo único que podía usar eran unas viejas botas mías, altas hasta la rodilla, que se ataban con lazos al frente. Eran muy grandes para ella, pero dando varias vueltas con las cintas podía sujetarlas. Yo sabía que Gina tenía un aspecto extraño, sentada allí en la silla de ruedas con esas botas de tamaño exageradamente grande, una peluca mal colocada y una mirada tan patética en su rostro pálido. Pero estaba tan desesperada que no me importaba lo que pensara la gente. Sólo hice lo que tenía que hacer.

Fue una reunión hermosa. Yo nunca había estado en algo igual. Durante toda la tarde, Kathryn Kuhlman utilizó muchas veces la misma expresión que había expresado mi madre: "el bautismo en el Espíritu Santo." Mi corazón respondió. Sabía que ése debía de ser el secreto para el poder de la vida cristiana.

Gina se puso inquieta. Los ujieres nos traían agua para que pudiera darle más medicación. Pero algo estaba sucediendo. Cuando comenzó la parte de las sanidades, escuché que Kathryn Kuhlman decía: "Satanás, te ordeno en el nombre de Cristo Jesús que sueltes a los cautivos que están aquí."

Al mismo tiempo, escuché una voz interior que me decía: *"Gina está sana."*

Me volví y miré a Gina. Parecía estar igual, pero yo estaba segura de que había escuchado esa voz. Era la misma voz que me había hablado en el cuarto del hospital. Repentinamente comprendí de quién era esa voz... y le creí.

A mitad del culto, todos se pusieron de pie y comenzaron a cantar espontáneamente. ¡Fue algo tan hermoso! Las lágimas corrían por mis mejillas mientras escuchaba, sentada allí, profundamente conmovida. Miré nuevamente a Gina. Sus labios se movían, formando unos extraños sonidos. Me incliné hacia ella, sabiendo que su cerebro dañado muchas veces le hacía hacer cosas extrañas en oportunidades impredecibles. Pero esto no era incoherente. Gina estaba cantando. Los sonidos que salían de sus labios no eran muy musicales, pero no había dudas de lo que estaba sucediendo. Estaba cantando junto con el resto de la gente, creando su propia letra y música.

Entonces, muy lentamente, se extendió y tomó el respaldo del asiento que tenía adelante. Con un gran esfuerzo, se levantó de la silla de ruedas y quedó en pie como todos los demás. Hacía siete meses que no se ponía de pie. No podía caminar, y tenía que aferrarse al asiento de adelante para no caer, pero ahí estaba, de pie. Tenía la cabeza erguida, y sus labios se movían siguiendo la música.

Cuando todos los demás se sentaron, Gina también se sentó. Y aunque no trató de ponerse de pie otra vez, yo sabía que había comenzado a sanarse.

Durante las siguientes dos semanas noté mejoras extraordinarias en todas las áreas de su vida. Comenzó a hablar en forma coherente. Antes, sus ojos parecían muertos, en blanco. Ahora chispeaban, como si alguien hubiera encendido una luz detrás de ellos. No sólo eso: Gina salía de la silla de ruedas, y, tomándose de la pared o de una mesa, podía dar algunos pasos.

Un grupo de cristianos que yo había conocido en la Fraternidad de Berea comenzaron a visitarnos. Una pareja de color, era muy especial para mí. Yo sólo los conocía como hermano y hermana Phillips. Gina y yo vivíamos en un vecindario mixto y algunos de nuestros vecinos no nos aceptaban. Yo sabía que este maravilloso matrimonio estaba corriendo un gran riesgo al venir a visitarnos, pero ellos insistían en que Dios quería que ellos lo hicieran y nos traían palabras de aliento.

Una tarde, la hermana Phillips miró a Gina y le dijo: "Tú puedes caminar. ¿Por qué no te pones de pie, sales de la silla y caminas por el cuarto?" Gina me miró. "Mami, dame tus botas de nuevo." Yo las saqué de debajo de la cama y la ayudé a ponérselas. Luego, lenta y deliberadamente, Gina se puso en pie, salió de la silla de ruedas, y, sin tomarse de ninguna parte, dio un paso hacia la hermana Phillips, luego otro y otro.

Yo sentí las lágrimas una vez más, cayendo de mi rostro y sobre mi blusa.

"Está muy bien, querida", alentó la hermana Phillips.

"Está muy bien. Bendito sea el Señor. Gracias, Jesús." Estaba llorando. El hermano Phillips también lloraba.

Todos, excepto Gina, estábamos llorando. Ella sonreía como nunca antes.

Después de que se fueron los Phillips, Gina volvió a la silla de ruedas. Al día siguiente, cuando trató de caminar, se cayó. En vez de levantarse e intentarlo de nuevo, comenzó a gatear hacia la silla.

"No, Gina", insistí. "Tú puedes caminar. No puedes ceder ante el miedo."

"No puedo caminar, mami", me dijo. "Ya no puedo caminar. Quiero la silla de ruedas otra vez."

Yo empujé la silla al otro lado del cuarto. Gina la siguió, arrastrándose sobre la cola. "Por favor, mamá, dámela."

Finalmente la dejé volver a la silla. Una vez más el desaliento cubrió nuestro hogar.

En setiembre, Kathryn Kuhlman volvió a Dallas para hablar en una reunión que auspiciaba la Fraternidad Internacional de Hombres de Negocios Cristianos. Los nuevos amigos de la Fraternidad de Berea me llamaron para contarme sobre esta reunión. Quedaba poco tiempo, pero logramos llegar justo antes de que comenzara.

Esta vez, un ujier nos recibió a la puerta y nos llevó en el elevador hasta dentro del auditorio. Ya había allí varios miles de personas, pero él llevó la silla cerca del frente y encontró asientos para nosotras. Al volver a su puesto, susurró: "estaré orando por ustedes durante la reunión."

Era un gesto que realmente necesitábamos. Una vez más sentí amor.

Miré a Gina. Estaba allí sentada, con su rostro transfigurado. Entonces escuché que Kathryn Kuhlman decía: "Hay alguien aquí que tiene una enfermedad sanguínea fatal. Dios te ha sanado, y cada parte de esa enfermedad fue quitada de tu cuerpo. Satanás te hizo enfermar, pero el Gran Médico te ha sanado. Ponte de pie y reclama tu sanidad."

Gina estaba luchando una vez más con sus botas. Finalmente se las puso, y acomodando su peluca, se puso en pie. Una de las consejeras se acercó rápidamente a ella.

"¿Ha sido sanada?"

Antes de que yo pudiera decir una palabra, Gina se adelantó y salió al pasillo. "Sí, señora", dijo con palabras perfectamente pronunciadas. "Satanás me hizo enfermar, pero Dios me sanó."

Mientras Gina caminaba hacia la plataforma, la congregación entera prorrumpió en fuertes aplausos. Muchos de ellos habían visto entrar a Gina en la silla de ruedas. Kathryn Kuhlman le hizo algunas preguntas, y luego comenzó a caminar con ella de un lado a otro del escenario, cada vez más rápido, hasta que Gina echó a correr.

"¡Mírenla cómo corre!", gritó la señorita Kuhlman a la gente. "Los que creen que este es el poder del Espíritu Santo digan: '¡Alabado sea el Señor!'"

Todo el edificio se estremeció con el grito: "¡Alabado sea el Señor! ¡Alabado sea el Señor!"

Gina volvió a su asiento, radiante. Apenas podía quedarse quieta. Puse mi mano sobre su brazo... y noté algo más. El largo vello negro que antes cubría sus brazos se estaba desprendiendo y cayendo al suelo.

"Mira, mami", sonrió mi hija. "Estoy bien en todo."

Sí, estaba bien en todo. Esa noche tuvimos un gran culto en el baño, echando todas las píldoras por el excusado. Los médicos me habían dicho que si se le quitaba la cortisona, los efectos serían desastrosos, pero yo pensé que dado que Dios se había ocupado de todo lo demás, naturalmente podría cuidar este detalle también.

En la semana siguiente noté que volvía a crecer el cabello en la cabeza de Gina. Cuando se puso más largo, vi que Dios le había dado un regalo extra. En vez de crecer lacio como antes, era rizado. Su rostro, que había sido blanco como la tiza, ahora era rosado. Nunca volvió a usar la silla de ruedas.

Tiempo después, volví a llevarla al hospital pediátrico. Luego de un breve examen, el médico me miró, interrogante.

Yo sabía que él era judío, pero también sabía que no tenía otra alternativa más que contarle lo que había sucedido. "¿Cree usted en Dios?", le pregunté.

"¿La llevó a uno de esos que sanan por fe?", me preguntó, sin responder a mi pregunta. Recordé lo que había dicho Kathryn Kuhlman, en cuanto a que ella no tenía poder para sanar a nadie. Sólo el Espíritu Santo sanaba. "No, no la llevé a ningún 'sanador'", dije. "Pero sí la llevé a un culto de milagros."

El doctor se mordió el labio inferior y sacudió la cabeza.

"Bueno, yo sí lo creo", dijo una voz de mujer.

Levanté la vista para ver a la doctora de los ojos azules. "He visto a otros que fueron sanados de la misma forma", dijo. "Y no hay explicación posible excepto el poder de Dios. Esta criatura estaba a punto de morir. Mírela ahora."

Entramos a su consultorio y la doctora examinó cuidadosamente a Gina. "Realmente no necesitamos ningún examen para ver que ha sido sanada", me dijo. "Pero siempre hay gente a la que hay que mostrarle los hechos en el papel. Y ni aun así quieren creer." Al salir del consultorio nos encontramos con uno de los otros médicos que habían tratado a Gina y que se había enterado de su sanidad. "Señora Bradley, Gina se enfermará otra vez si le quita su medicación, especialmente el fenobarbital. Es lo único que evita que tenga un ataque fatal."

Lo miré directamente a los ojos. "Doctor, le agradezco su preocupación. Ustedes me han tratado maravillosamente. Pero no es el fenobarbital lo que mantiene viva a Gina. Es el Espíritu Santo."

Dos semanas después volvimos a Virginia Occidental. Ya no necesitábamos la silla de ruedas. Cuando salimos del auto frente a la casa, mi madre salió corriendo a recibirnos, con los brazos en alto y el rostro brillando con la gloria de Dios.

"Tuve una visión", dijo, llorando, mientras me abrazaba. "Vi a Gina jugando en el patio de atrás, bajo el manzano. Sus mejillas eran rosadas y tenía el cabello largo y rizado. ¡Oh, alabado sea el Señor!"

Tres meses después, papá murió. Sus pecados, como los míos, habían sido lavados en la sangre de Jesús. Lo sepultamos en la parcela que habíamos comprado para Gina. Esa tarde, al volver del cementerio, nos sentamos en silencio en el living. En un momento, mi madre se levantó y fue junto a la ventana. Luego me hizo una seña y dijo en voz baja: "Patricia, ven aquí. Quiero mostrarte algo."

Fui junto a ella y miré hacia el patio trasero. Allí estaba Gina, con sus mejillas sonrosadas y su cabello brillante jugando en el patio, bajo el manzano.

Mi madre buscó la vieja Biblia que estaba junto a la lámpara de la mesa. La tomó y pasó las páginas hasta que encontró un pasaje del Antiguo Testamento.

"Tu padre está en el cielo", dijo, enjugando una lágrima con la mano. "Pero Gina aún está aquí." Y leyó: "Jehová dio, y Jehová quitó; sea el nombre de Jehová bendito."

Esperamos que este libro haya
sido de su agrado.
Para información o comentarios,
escríbanos a la dirección
que aparece debajo.
Muchas gracias.

Peniel
Libros para siempre

info@peniel.com
www.editorialpeniel.com

UN VIAJE HACIA UNA VIDA
MÁS PROFUNDA CON JESÚS

EL TOQUE DEL
MAESTRO

No existe un toque en el universo como

el de sus manos marcadas por los clavos.

Todos aquellos a quienes Él toca son

cambiados, son hechos completos.

No es un toque común

ya que en él hay salvación, sanidad,

liberación y todo el poder de Dios.

El Toque del Maestro hace todo nuevo.

www.editorialpeniel.com

Para el hombre
hay cosas imposibles,
pero todas las cosas
son posibles para Dios.

nada es
imposible
para Dios
POR *KATHRYN KUHLMAN*

Usted experimentará el poder explosivo y la emoción de los cultos
de milagros, y encontrará esperanza para la satisfacción de sus
necesidades. Dios es un especialista cuando se trata de lo imposible,
¡y puede hacer cualquier cosa, menos fallar!